U0480681

暨南大学经济学文库

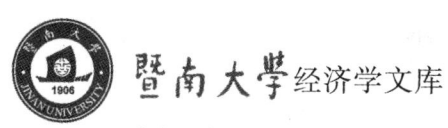

本书为广东省质量技术监督局委托项目成果

质量创新与全要素生产率
——以广东省制造业为例

Quality Innovation and Total Factor Productivity in Guangdong's Manufacturing Industries

张宁　陈中飞　著

经济管理出版社

图书在版编目（CIP）数据

质量创新与全要素生产率：以广东省制造业为例/张宁，陈中飞著 . —北京：经济管理出版社，2017.12

ISBN 978-7-5096-5562-7

Ⅰ.①质… Ⅱ.①张…②陈… Ⅲ.①制造工业—工业企业管理—质量管理—研究—广东 Ⅳ.①F426.4

中国版本图书馆 CIP 数据核字（2017）第 312851 号

组稿编辑：杨雅琳
责任编辑：杨雅琳
责任印制：黄章平
责任校对：赵天宇

出版发行：经济管理出版社
（北京市海淀区北蜂窝 8 号中雅大厦 A 座 11 层　100038）
网　　　址：www.E-mp.com.cn
电　　　话：（010）51915602
印　　　刷：三河市延风印装有限公司
经　　　销：新华书店
开　　　本：720mm×1000mm/16
印　　　张：11.25
字　　　数：176 千字
版　　　次：2017 年 12 月第 1 版　2017 年 12 月第 1 次印刷
书　　　号：ISBN 978-7-5096-5562-7
定　　　价：48.00 元

·版权所有　翻印必究·
凡购本社图书，如有印装错误，由本社读者服务部负责调换。
联系地址：北京阜外月坛北小街 2 号
电话：（010）68022974　邮编：100836

前 言

制造业是立国之本、兴国之器、强国之基。广东省制造业品类繁多，产业链齐备，竞争力较强，在国民经济中有着举足轻重的作用。但随着改革红利、货币化红利、人口红利等传统有利优势逐渐减弱，广东省制造业亟待寻求新的增长源泉。当前，广东省委、省政府把质量强省战略提升为经济社会发展的基本战略，推动高质量发展。

质量创新与科技创新、管理创新、制度创新等创新形式一样，是国家创新体系的重要组成部分。质量创新通过夯实质量基础促进经济的内生增长，实现从要素驱动、投资驱动向创新驱动的转变，是实现"中国制造"向"中国创造"转变的重要抓手。全要素生产率，通常被视为科技进步的指标，揭示了经济可持续发展的情况。它是指总产量与全部要素投入量之比，是衡量每单位总投入的总产量的生产率指标，反映了资本、劳动力等所有投入要素的综合产出效率。

习近平在党的十九大报告中强调了加强质量和提升全要素生产率的战略意义，提出要推动"中国制造向中国创造转变、中国速度向中国质量转变、中国产品向中国品牌转变"；2015年3月5日，李克强在政府工作报告中提出："要增加研发投入，提高全要素生产率，加强质量、标准和品牌建设，促进服务业和战略性新兴产业比重提高、水平提升，优化经济发展空间格局，加快培育新的增长点和增长极，实现在发展中升级、在升级中发展。"

本书梳理了全要素生产率的概念内涵和测算方法，实证分析了广东省制造业全要素生产率动态变化情况，结果显示，从"十五"到"十二五"时期，

2001~2014年我国全要素生产率平均每年增长约2.03%，广东省的全要素生产率的增长率列全国各省第7位，年均增长率为4.23%，其实际经济增长贡献了约34%。但是，广东省制造业全要素生产率增长率呈下降趋势，在"十五"时期全要素生产率平均每年增长约7.13%，由高至低排在第3位；在"十一五"时期全要素生产率平均每年增长约3.62%，由高至低排在第8位；在将近整个"十二五"时期（2011~2014年）全要素生产率平均每年增长约1.47%，由高至低排在第14位。

从各地级市的情况来看，2001~2014年，全要素生产率的年平均增长率保持正增长的地区大部分分布在珠江三角洲地区，主要有广州（8.63%）、深圳（4.51%）、珠海（7.81%）、汕头（1.85%）、佛山（4.21%）、中山（4.65%）、江门（0.51%）、茂名（3.37%）、肇庆（3.79%）、清远（2.47%）、潮州（0.24%），而负增长超过1%的地级市有韶关（-1.19%）、梅州（-1.48%）、汕尾（-4.88%）、东莞（-1.17%）、阳江（-1.76%）、湛江（-1.66%）、云浮（-3.83%）。各个制造业行业中全要素生产率年均增长率高于整个制造业全要素生产率年均增长率的行业也有12个，它们分别是农副食品加工业（7.81%）、食品制造业（7.93%）、酒和饮料及精制茶制造业（6.84%）、烟草制品业（8.13%）、纺织业（7.39%）、石油加工和炼焦及核燃料加工业（7.68%）、化学原料和化学制品制造业（9.84%）、非金属制品矿物制造业（8.22%）、有色金属冶炼和压延加工业（10.48%）、交通运输设备制造业（7.78%）、电气机械和器材制造业（7.20%）、计算机和通信及其他电子设备制造业（8.87%）。从国际对比来看，虽然广东省制造业的全要素生产率在近年来出现了快速的增长，但是其水平跟美国、德国、英国和日本相比，仍存在较大的差距。

总体而言，广东省各地级市全要素生产率增长率每年表现不一，地级市间差异较大，尽管大部分地级市在不同阶段均表现出上升的态势。行业间增长差距较大，发展不平衡问题突出。而且，与美国、德国、英国和日本等发达国家存在较大差别。广东省各地级市的制造业存在三种不同类型的发展阶段，首先，广州、深圳、珠海、汕头、佛山等地级市是广东省制造业全要素生产率进步的主要推动者；其次，茂名、肇庆等地级市是积极的追赶者，正努力向广州、深圳、珠海、汕头、佛山等地级市所代表的前沿靠拢；最后，其他地级市虽然自身也在努力发展，它们的技术进步的增长率均为正，但是相对较慢，与广州、深圳、珠海、汕头、佛山的全要素生产率增长不同步，这是广东省未来政策需要关注的地方。

质量创新能力评价指标体系首先分成三个层次，用于反映各地级市制造业质量创新整体水平的经济技术指标。第一级指标反映广东省各地级市制造业质量创新总体发展情况，以质量创新指数表示；第二级指标包括质量人力资本、企业质量能力、产业结构质量优化、质量技术基础和质量文化意识5个方面的创新发展情况；第三级指标用以具体反映构成质量创新能力的各方面情况。

从宏观数据的实证分析来看，广东省21个地级市的质量创新水平和全要素生产率增长率具有显著的正相关关系，质量创新水平越高，越有利于推进全要素生产率的增长。除了直接作用，质量创新借助于外商直接投资（Foreign Direct Investment，FDI）来间接提升全要素生产率。FDI的引入，带来了巨大的溢出效应，不仅有利于学习先进的生产管理经验，也有利于技术的扩散。

从微观企业层面调研数据的分析来看，质量创新水平对全要素生产率增长率水平有显著的正影响。质量创新水平对全要素生产率增长率贡献达到69.45%，在所有推动技术进步的影响因素中最为显著。而且，质量创新对全要素生产率增长率影响的机制主要分为直接作用和间接作用，质量创新的提升对全要素生产率增长率直接推动作用达到69.45%。质量创新的间接作用指的是质量创新客观上要求更高水平的创新体系配套和耦合，形成合作系统，包括应用现代科技、工艺和装备再造，资源配置创新，组织创新，进而改造传统产业，培育新兴产业，以支持高质量商品的制造。作为创新体系的核心，质量创新依托于商品，也是其他类型创新产生和发展的最终目标。质量创新所带来的创新体系及其升级，极大地提升了经济整体的技术创新水平，技术创新水平又会进一步提高微观企业的全要素生产率水平，也给企业本身不断提升经营效率，满足消费者不断变化的需求，从供给侧改善经营模式，创造品牌竞争优势，创造利润。

本书由暨南大学张宁教授研究团队编写完成，是对质量创新对我国制造业全要素生产率影响机制的初步探索。本书的出版得到了广东省质量技术监督局的大力支持，在此表示感谢。由于时间紧迫，加之笔者水平有限，书中难免有疏漏之处，我们真诚地恳请各位读者和同行批评指正。

张宁

2017 年 10 月 1 日

目 录

第一章 绪论 ·· 1

    第一节 研究背景 ·· 1

    第二节 研究意义 ·· 2

    第三节 研究目标及创新 ·· 6

第二章 全要素生产率概念与测算方法 ·· 9

    第一节 全要素生产率概念与外延 ··· 9

    第二节 质量创新概念与内涵 ·· 11

    第三节 全要素生产率的测算方法 ·· 13

第三章 质量创新管理和全要素生产率文献综述 ··························· 27

    第一节 经济增长及其影响因素 ··· 27

    第二节 产业结构升级与技术创新 ·· 33

    第三节 全要素生产率及其测算 ··· 38

    第四节 全要素生产率的影响因素 ·· 43

    第五节 全要素生产率被政府提上日程 ································· 47

    第六节 质量创新管理 ··· 48

第四章　广东省制造业全要素生产率测算 …… 52

第一节　广东省制造业发展概况 …… 52

第二节　全国各省的全要素生产率变化和广东省位置 …… 72

第三节　广东省地级市全要素生产率的动态变化 …… 77

第四节　广东省制造业全要素生产率的动态变化 …… 81

第五节　全要素生产率的国际比较 …… 85

第五章　广东省制造业质量创新评价指标体系构建 …… 92

第一节　质量创新能力评价指标体系 …… 92

第二节　广东省制造业质量管理与创新概况 …… 99

第三节　广东省制造业质量创新评价指标构建 …… 106

第四节　广东省制造业质量创新绩效评估 …… 107

第六章　质量创新对全要素生产率影响机制的实证研究 …… 112

第一节　质量创新对全要素生产率的影响机制与理论 …… 112

第二节　质量创新与全要素生产率的相关关系 …… 115

第三节　质量创新对全要素生产率影响的实证分析 …… 117

第七章　质量创新对制造业全要素生产率增长率影响分析：微观企业调研 …… 121

第一节　广东省210家制造业企业数据的描述性统计 …… 121

第二节　质量创新对制造业全要素生产率增长率影响的实证分析 …… 134

第八章　实施质量创新促进全要素生产率增长的政策建议 …… 150

第一节　广东省制造业质量创新提高全要素生产率路径 …… 150

第二节　实施质量创新提高广东省制造业全要素生产率的政策建议 …… 154

参考文献 …… 160

第一章　绪论

第一节　研究背景

随着改革红利、货币化红利、人口红利等有利因素逐渐减少，我国经济逐步进入新常态。同时，我国目前还面临了一系列挑战，生态环境日益恶化，能源对经济发展的制约日益明显，传统制造业亟须转型升级。

为了实现我国经济可持续发展，必须寻求新的增长源泉。质量创新管理有助于提升制造业的科技投入，实现制造业的转型升级，为经济增长提供动力，也是实现供给侧改革和"三去一降一补"的重要手段。当前，国家已经把质量强国上升为一种国家战略。中共十八大明确提出，要把推动发展的立足点转到提高质量和效益上来，中共中央、国务院突出强调要坚持以提高经济发展质量和效益为中心。同时，习近平强调了加强质量和提升全要素生产率（Total Factor Productivity，TFP）的战略意义，提出要推动"中国制造向中国创造转变、中国速度向中国质量转变、中国产品向中国品牌转变"；2015年3月5日，李克强在政府工作报告中提出："要增加研发投入，提高全要素生产率，加强质量、标准和品牌建设，促进服务业和战略性新兴产业比重提高、水平提升，优化经济发展空间格局，加快培育新的增长点和增长极，实现在发展中升级、在升级中发展。"此外，时任广东省省长朱小丹也强调，"在有效扩大内需的同时，以攻坚姿态推进供给侧结构性改革，着力提高全要素生产率和中高端产品、技术比重，扩大高质量、高水平有效供给，形成需求侧与供给侧相互平衡、消费投资出口协调拉动的经济增长新局面，为率先全面建成小康社会提供强大经济支撑"。政府以及领导人已经认识到质量提升、质量创新的战略意义，不仅对国力提升和人民生活福利水平具有积极影响，也是当前我国国情下发展的必由之路。与此同时，质量创新与科技创新、管理创新、制度创新等创新一样，是国家创新体系的重要组成部分。

第二节 研究意义

从当前我国发展阶段和发展现状来看，研究如何加强质量管理、提升制造业全要素生产率具有十分重要的现实背景和意义。主要意义具体表现在以下五点：

（1）研究质量创新对全要素生产率的影响对于我国打造质量强国、制造强国具有重要战略意义。

2016年3月在第二届中国质量奖颁奖大会上，李克强特别指出"质量发展是强国之基、立业之本和转型之要。各地区、各部门要大力实施质量强国战略，坚持改革创新，加强政策引导，把提升质量作为推动供给结构、需求结构升级的重要抓手，为加快发展新经济、培育壮大新动能、改造提升传统动能提供有力支撑"。一个月之后，广东省发布了《中共广东省委、广东省人民政府关于实施质量强省战略的决定》。全国范围内对于质量创新的重视需求，体现了中国对于打造质量强国、制造强国的迫切需求。之所以选择质量创新作为实现目标的战略手段，是因为在经济新常态下，我国制造业本身存在较大问题，重加工轻创造、重速度轻质量、重产品轻品牌的问题凸显，经济发展缺乏可持续性和核心竞争力。质量创新指的是企业在生产实践中通过技术、管理和文化等多种方法，实现固有特性持续不断地改进和提高，从而更好地满足消费者的需求，并最终实现更高的效益。其基本内涵就是通过质量创新实现产品多样化，不断满足消费者多层次、个性化、持续变化的需求。在这一过程中，不仅满足了生产者对于经济利益的追求，更重要的是完成自我品牌创建过程，将质量与品牌纳入"十三五"规划当中，满足消费者的多样需求，把我国的经济时代推向"质量时代"，实现质量强国、制造强国，成功完成"十三五"目标，由此可见，质量创新是我国未来发展的必选手段。

（2）研究质量创新对全要素生产率推动作用对于高质量实现供给侧改革具有重大现实意义。

在中央财经领导小组第十一次会议上，习近平提出要"着力加强供给侧结构性改革，着力提高供给体系质量和效率"。在经济学里，供给和需求是消费的两端，供求平衡才不会引发危机，这不仅关系经济的稳定，更直接影响整个社会的发展。之所以专门指出供给一端的改革，主要是供给越来越不能满足需求一端的期望。大到精密仪器、高端技术的进口，小到老百姓在国外旅游时排队抢购马桶、奶粉等生活日用品等现象，最直接的原因就是国内市场不能满足国人的多样化需求，购买力随之转向外部市场。无效供给过多、有效供给不足使供给侧结构性改革成为制造业不可回避的核心问题，而解决这一问题的唯一方法就是改变生产结构，提高产品质量，质量创新是解决供求不等的关键手段。国家就制造业的长远发展发布《中国制造2025》行动纲领，提出通过"三步走"实现制造强国的战略目标：第一步，到2025年迈入制造强国行列；第二步，到2035年中国制造业整体达到世界制造强国阵营中等水平；第三步，到新中国成立100年时，综合实力进入世界制造强国前列。在这一过程中，实现了质量的创新，产品多样、质量过硬，消费者的目光才能转回内部，国内市场才能跟国际市场抗衡，不再惧怕国外的风景区、马桶、奶粉，购买力自然回流。这不仅有利于满足人民日益增长的消费需求，更有利于打造我国精品制造强国的形象，吸引更多的国外购买，从供给侧推动经济增长。

（3）研究质量创新作用机制对于提升全要素生产率具有重要的理论与现实意义。

广东省制造业在几十年内得以跨越式发展，到目前在世界制造行业中占据一席之地，很大程度上依赖于充足资本与过量劳动力的投入，但是当这些投入的边际产出开始递减，改革、资本、人口红利逐渐削减时，广东亟须制造业转型升级。为了实现制造业的可持续发展，必须寻求新的增长源泉。在中共十八大和《政府工作报告》中，习近平和李克强均强调了加强质量和提升全要素生产率的战略意义。《中国制造2025》提出，坚持"创新驱动、质量为先、绿色发展、结构优化、人才为本"的基本方针，明确了制造业作为经济支柱的发展方向，即质量创新管理在制造业下一步发展中的核心作用。质量创新有助于提升制造业的科技投入，实现制造业的转型升级，为经济增长提供动力，也是实现供给侧改革的重要手段。同时，当前学术界和业界已经认识到了质量创新管理对产业升级和经济发展的重要意义，如何发展先进制造业、实现产业升级是国家实现可持续发展的重要战略目标。如何从"制造"转型到"智造"，关键是提升科技水平和全要素生产率，这也是广东省质量创新发展和制造业转型升级的意义所在。

(4) 研究质量创新对全要素生产率的影响对于跨越"中等收入陷阱"、完成"十三五"规划目标任务、实现绿色经济可持续发展具有重大意义。

随着我国经济增长速度的放缓，"中等收入陷阱"越来越频繁地进入我们的视野。"中等收入陷阱"是指一个经济体的人均收入达到世界中等水平后，由于不能顺利实现发展战略和发展方式转变，导致新的增长动力特别是内生动力不足，经济长期停滞不前；同时，快速发展中积聚的问题集中爆发，社会矛盾凸显等。这一过程实际上就是一些促进人均收入提高的因素发挥作用之后，由于此类因素具有某种程度的不可持续性，其他制约因素又会将其作用抵消，因而人均收入增长陷入停滞。例如，马来西亚、泰国等亚洲国家深陷其中，而韩国成功跨越这一"陷阱"，都让中国进行对比反思，跨越"陷阱"的最好方法就是找到新的替代增长方式。这两类国家替代方式的最大的区别就在于质量创新，在进入中等收入国家行列之后，部分国家依旧遵循旧路在资本和劳动力贡献上难以进取，特别是作为国家支柱产业的制造业没有往高技术制造业方向发展；而另外一类成功的国家极力开展制造业质量创新，使其成为资本、劳动红利没落之后新的增长点。同时，质量创新带动的不仅仅是制造业，更在相关法律法规、税收体制、社保体系等方面促进社会系统的完善，使人民生活的质量得以提高。"十三五"时期伊始，我国就提出各项规划展开质量创新，改革经济增长方式，或者寻找更平均的经济增长方式，也就是向质量创新增长模式转变，依靠技术改变生活环境，降低温室气体排放程度，完成"十三五"规划任务的同时，实现真正的绿色可持续发展。

（5）研究质量创新在提高服务质量、满足消费者多样需求、推动社会文化建设方面具有实际应用意义。

随着制造业质量创新的推进，文化建设的新型方式也在经历一个重塑的过程。这一新型文化主要包含两层含义：一是企业内部的文化，企业间的竞争已不仅仅存在于生产层面，软实力也成为维护企业生产率的重要手段，特别是可以支撑企业内部精气神的文化。质量创新有助于形成凸显企业个性、乐于与社会公众双向沟通的形象，建立普通消费者对企业的认同感；此外，也促使企业员工通过与消费者的接触，逐渐转变生产态度，形成一切生产以消费者需求为中心、消费者的成功才是企业成功的文化氛围，最终打造一种企业与消费者双向互动的社会文化，不仅有利于生产，更有利于文化生活的丰富。二是指企业更加注重在产品中加入文化元素或者创意设计，这种生产与文化融合的产品附加值不容易被替代，形成独特的品牌形象，锁定企业稳定的消费群体。"文化+制造"模式在质量创新中的运用，更有利于在高技术制造业形成文化与生产共同进步的发展趋势，重构国产品牌形象，利用软实力推动供给侧改革步伐的加速。

同时，当前学术界和业界已经认识到了质量创新对产业升级和经济发展的重要意义，但影响机制是什么？我国当前的国家质量基础设施发展现状如何，如何对既有的质量管理政策体系进行改革，以适应当前的经济发展现状、推动我国经济转型和可持续发展？国内外学者尚未在学理上进行深入和全面的研究，导致缺乏翔实、科学的研究基础，不利于今后的科学决策和改革的可行性研究。因此，从理论研究来看，本书所做研究具备重要的理论意义。

当然，目前的研究主要集中在微观企业层面，强调质量管理体系对企业绩效的影响机制（见图1-1）：首先，质量提升会提高定价水平和市场份额，从而增加收入和盈利能力；其次，有效的质量管理会降低不合格率，即较高的质量一致性，也会减少再加工和返修、售后服务的成本，这也会增加企业的盈利水平。国内外专家学者也在这些方面进行了一些实证研究。但是，对于广东省企业，特别是制造业企业，这些机制和实证经验是否依然成立，仍需要进一步研究。而且，O'Connor等（2016）认为，质量问题与两个方面息息相关，其一是制造技术和设备的升级问题，其二是有效的质量管理体系。对于广东省来说，如何制定特定的政策，促进制造业有效转型升级，保障其可持续发展，仍需要充分的分析和研究。

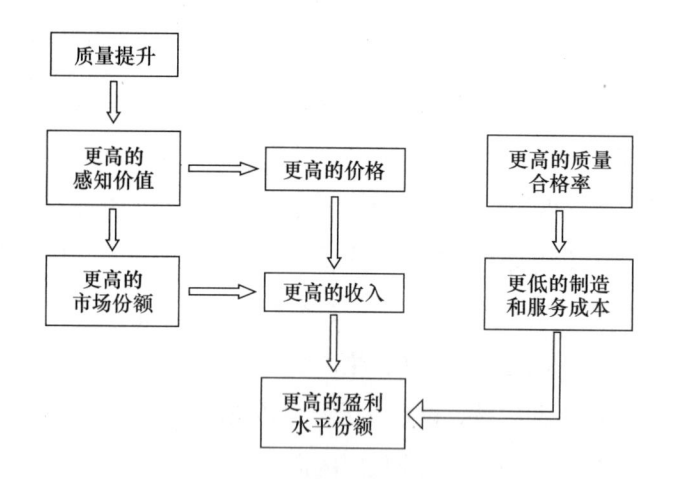

图 1-1 质量管理与绩效的联系

资料来源：Evans J. R., Lindsay W. M.. Managing for Quality and Performance Excellence (Ninth Edition) [M]. South Western, Cengage Learming, 2013.

第三节 研究目标及创新

如何发展先进制造业、实现产业升级是国家实现可持续发展的重要战略目标。如何从"制造"转型到"智造"，关键是提升科技水平和全要素生产率，这也是本书破题的关键所在。广东省是制造业大省，产业亟待转型升级，企业发展动力亟须提升，以实现可持续发展。因此，本书将围绕质量创新，研究它对经济增长、全要素生产率提高的影响机制，同时也对广东省质量创新的现状和效率进行科学的测度和评估、分析，从而为广东省质量创新发展和制造业转型升级提供理论依据和对策建议，也为其他省份和区域的质量创新管理和政策制定提供参考和先例。

本书拟解决的关键问题包括以下几个方面：广东省制造业质量创新及相关数据的收集，特别是微观企业层面数据的收集，将通过调研等形式收集尽可能全面的数据；构造广东省制造业企业的质量管理指标体系，本书准备从人力资源、管理能力、产业结构优化、技术基础、质量文化5个方面构造质量指数（见图1-2），包括行业层面和地区层面的指标；广东省制造业全要素生产率的测算；从宏观层面和微观层面对质量创新与全要素生产率的关系进行实证分析，并探究其内在的作用机制和渠道；广东省提升制造业质量创新水平的对策研究。

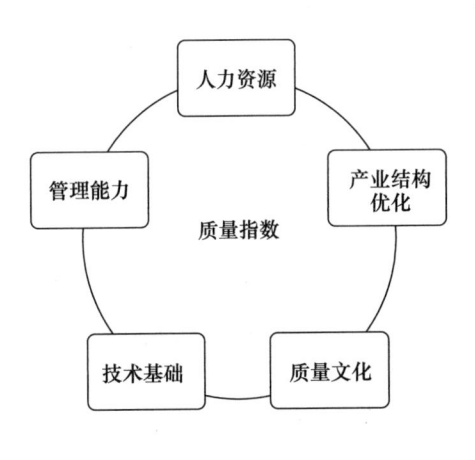

图1-2 质量指数

本书的创新之处体现在以下几方面：①从全要素生产率的测算来看，利用Bayesian SFA 和 DDF、共同边界 DDF、空间 SFA 等技术方法，考虑空间溢出效应、异质性、内生性等问题，相对传统研究方法来看，对既有的方法体系进行拓展；②基于广东省制造业的实证经验，包括微观层面和宏观层面，探索质量创新管理对全要素生产率影响的潜在机制和原理；③构造广东省制造业企业的质量管理指标体系，本书准备从人力资源、管理能力、产业结构优化、技术基础、质量文化五个方面构造质量指数，并作为广东省制造业质量管理的监测和预警指标。

第二章　全要素生产率概念与测算方法

第一节　全要素生产率概念与外延

全要素生产率又称"总要素生产率"或"综合要素生产率",指总产量与全部要素投入量之比,是衡量每单位总投入的总产量的生产率指标,反映了资本、劳动力等所有投入要素的综合产出效率。相对于劳动生产率、资本生产率等单要素生产率而言,全要素生产率可以更为全面地测算经济活动在一定时间内的效率。

全要素生产率的增长率,即产出增长率超过要素投入增长率的部分,通常被视为科技进步的指标,它主要来自技术进步、生产创新、管理创新、社会经济制度等因素所导致的产出增加。全要素生产率的"率"与全要素生产率增长率的"率"不同,前者指的是一个比值,即总产量与全部要素投入量之比,体现了"全"的特征,包括所有投入要素,资本、劳动力、技术、管理等;而后者的"率"指向增长率,即总产出增长率超过新增资本和新增劳动力的部分,仅指"部分",专指技术、管理等非资本和劳动力的增长部分。现阶段,被称为国民经济新指标的全要素生产率,更精确的说法,应该指的是全要素生产率的增长率。

为了更加直观，我们以柯布—道格拉斯（C-D）生产函数为例：$Y_t = AK_t^{\alpha}L_t^{\beta}$，$Y_t$ 为真实产出，L_t 为劳动力投入，K_t 为资本存量，A 为技术，α 和 β 分别为平均资本产出份额和平均劳动产出份额，假设 $\alpha + \beta = 1$，即规模收益不变。柯布—道格拉斯生产函数经过处理后：$\dot{A}/A = \dot{Y_t}/Y_t - \alpha \dot{K_t}/K_t - \beta \dot{L_t}/L_t$，$\dot{A}/A$ 为全要素生产率的增长率，表现为产出增长率与资本、劳动增长率的差，而质量创新对经济增长的贡献主要表现在这部分当中。

一般来讲，全要素生产率从整体上反映了产出单位对所有投入资源开发利用的效率。从经济增长角度来说，生产率与资本、劳动等要素投入地位相当，都推动了经济的增长。从效率角度考察，生产率等同于某一时期内国民经济中产出与各种资源要素总投入的比值。从本质上讲，它反映的是一个国家（地区）在一定时期内利用科技推动经济高质量增长的努力程度，以达到国民生产总值持续增长、人民生活水平不断提高的目标，是对先进生产技术熟练运用的综合反映。

全要素生产率作为衡量生产效率的指标，它的增长动力来自效率改善、技术进步和规模效应。在本书中，质量创新也是全要素生产率增加的一个影响要素。

首先是效率的改善，包括机械效率和人为效率的改善。改善机械效率的方法主要是建立与运用机械效率指标数据，同时提高设备利用率、发挥有效工作时间等；改善人为效率的方法是建立与运用人为效率指标，人员短缺增补，及时排除各种人为故障等。

其次是技术进步，主要体现在新旧工艺的交替，在快速采用新技术的同时，不断对旧设备进行改造，利用新工艺提高原材料的利用率，降低报废率，不断提高工人的技术水平以实现新产品开发利用。

最后是规模收益，即适度的规模可以实现最佳的经济效益。规模收益主要体现在管理成本的降低，它来自水平并购对专业化的分工、机器设备利用率的提高以及企业市场地位的增强。

基于全要素生产率在经济发展过程中的重要作用，经济学家们对它的测量方法进行了长期而有效的研究，本书主要介绍四种：索洛剩余方法、曼奎斯特指数法、卢恩伯格指数方法、成本函数方法。具体的测算原理和方法介绍详见本章第三节内容。

第二节　质量创新概念与内涵

质量创新通过夯实质量基础，推动转型升级，能够极大地促进经济的内生增长，实现从要素驱动、投资驱动向创新驱动的转变，对于提高供给体系质量和效率的作用更加突出、更为基础，是提升全要素生产率的重要手段，是实现质量强国的根本动力。因此，质量创新与科技创新、管理创新、制度创新等创新形式一样，是国家创新体系的重要组成部分。

从企业层面来看，质量创新实际上是企业在生产实践中通过技术、管理和文化等多种方法，实现固有特性持续不断地改进和提高，从而更好地满足消费者的需求，并最终实现更高的效益。其基本内涵是通过质量创新实现产品多样化，不断满足消费者多层次、个性化、持续变化的需求，以消费者的喜好与需求为生产方向，从传统的大规模的流水线生产方式逐步过渡到批量订单生产方式，使企业生产真正做到顾客至上，顾客的满意才是企业成功的关键，单一追逐利润忽略需求的粗放生产将在这一创新过程中被逐渐淘汰。

质量创新的企业层面内涵包括以下两个方面：

（1）质量创新的目标是满足多样化需求。首先，收入的差异性、消费者偏好的多样化、质量信息传递的多元性，都会导致人们对质量的需求出现多层次性（Maslow，1943）。高收入阶层、中等收入阶层、低收入阶层倾向于购买的产品档次品质是不同的，但就质量创新而言，不是说品质越高的产品质量创新性就越强，品质越低的产品质量创新性就越弱，关键是看不同品质的产品是否有需求以及需求量有多大，能恰当地满足消费者不同的需求就能带来更高的效益，这从某种程度上来说就是质量创新。其次，经济快速发展、科技日益发达的今天，产品市场也在不断细化，"私"经济盛行，质量创新要求根据消费者对产品的功能、款式、型号等的需求量身定做个性化产品，实现需求的精细匹配。最后，随着人们生活质量的提高，消费者对产品的要求也在不断提高，他们不再仅关注一件商品是否物美价廉，而是日益关注商品背后的精神诉求、文化理念以及环境影响，质量创新要求我们能够持续追踪消费者对产品的多角度需求。

（2）质量创新的本质和衡量标准是实现更高的效益。任何一项经济活动都是有成本和收益的，只有当收益超过成本也就是有效益时，这项经济活动才有价值。质量创新亦是如此。如果一件产品品质很高，但没有需求或者需求很低，那么高品质意味着高成本，低需求意味着低收益，所以这件高品质的产品却没有高效益，很难说这是质量创新。因此，为了实现真正的质量创新，就要实现更高的效益，这可以通过两方面的努力来实现：提高需求与降低成本。一方面，可以通过多种途径如市场调研、大数据分析等来追踪现在的消费者需求甚至创造未来的消费者需求；另一方面，可以通过生产技术和管理的创新来降低产品的制造成本，减少污染物的产生进而降低治污成本和环境成本。

从宏观层面来看，质量创新集中体现在国家质量基础的提升，即企业家和职业技能人力资源质量素质提升、企业质量能力提升、产业结构优化的质量提升、质量技术基础能力提升和全民质量文化的提升上。

本书拟探讨质量创新对全要素生产率的促进作用，制造业质量创新对全要素生产率的提高，就意味着在广东省廉价劳动力与丰富资源红利逐步消退的今天，要破除质量创新不强对微观产品服务质量水平的抑制，将质量创新红利打造成为新的增长点。质量创新与科技创新、管理创新、制度创新等创新形式一样，既是创新体系的重要组成部分，也是企业转型升级的普遍性路径。推动质量创新，是提高供给体系的质量和效率，更好地满足和创造消费需求，实现供给侧与需求侧有效对接的必然路径。

第三节 全要素生产率的测算方法

一、索洛剩余法

1957 年，美国经济学家罗伯特·索洛（Robert Merton Solow）首次提出利用生产函数法计算全要素生产率，基本思路是估算出总量生产函数后，采用产出增长率扣除各投入要素增长率后的残差来测算全要素生产率增长。生产函数在规模收益不变和希克斯中性技术假设下，全要素生产率的增长就等于技术进步率。

设总量生产函数如式（2-1）所示：

$$Y_t = \Omega(t) F(X_t) \tag{2-1}$$

其中，Y_t 为产出，$X_t = (x_{1t}, \cdots, x_{Nt})$ 为要素投入向量，x_{nt} 为第 n 种投入要素。假设 $\Omega(t)$ 为希克斯中性技术系数，意味着技术进步不影响投入要素之间的边际替代率，$F(\cdot)$ 为一次齐次函数即关于所有投入要素都是规模收益不变的。式（2-1）两端同时对时间 t 求导，并同时除以式（2-1）得出式（2-2）：

$$\frac{\dot{Y}_t}{Y_t} = \frac{\dot{\Omega}}{\Omega} + \sum_{n=1}^{N} \delta_n \left(\frac{\dot{x}_{n,t}}{x_{n,t}} \right) \tag{2-2}$$

其中，$\delta_n = \left(\dfrac{\partial Y_t}{\partial x_{n,t}} \right)\left(\dfrac{x_{n,t}}{Y_t} \right)$ 是各投入要素的产出份额。

将式（2-2）整理可得式（2-3）：

$$\frac{\dot{\Omega}}{\Omega} = \frac{\dot{Y}_t}{Y_t} - \sum_{n=1}^{N} \delta_n \left(\frac{\dot{x}_{n,t}}{x_{n,t}} \right) \tag{2-3}$$

式（2-3）即为全要素生产率的索洛残差公式，是一个几何指数。δ_n 为各种投入要素的产出份额，一般通过估算总量生产函数加以测算。在估算过程中，最常用到的是两要素（资本和劳动）的柯布—道格拉斯（C-D）生产函数：$Y_t = A K_t^{\alpha} L_t^{\beta}$，$Y_t$ 为真实产出，L_t 为劳动力投入，K_t 为资本存量，α 和 β 分别为平均资本产出份额和平均劳动产出份额，假设 $\alpha + \beta = 1$，即规模收益不变。两边同时取对数可得式（2-4）：

$$\mathrm{Ln}(Y_t) = \mathrm{Ln}(A) + \alpha \mathrm{Ln}(K_t) + \beta \mathrm{Ln}(L_t) + \varepsilon_t \qquad (2-4)$$

ε_t 为误差项，由 $\alpha + \beta = 1$ 可得回归方程如式（2-5）所示：

$$\mathrm{Ln}(Y_t/L_t) = \mathrm{Ln}(A) + \alpha \mathrm{Ln}(K_t/L_t) + \varepsilon_t \qquad (2-5)$$

利用OLS回归对式（2-5）进行估算，利用永续盘存法对资本存量的测算如式（2-6）所示：

$$K_t = I_t/P_t + (1-\delta_t)K_{t-1} \qquad (2-6)$$

其中，K_t 和 K_{t-1} 分别为 t 年和 $t-1$ 年的实际资本存量，P_t 为固定资产投资价格指数，I_t 为 t 年的名义投资，δ_t 为 t 年的固定资产的折旧率。一旦确定了基期资本存量和实际净投资，便可代入式（2-6）计算各年的实际资本存量。然后，利用式（2-5）回归估计出平均资本产出份额 α 和平均劳动力产出份额 β，代入式（2-3）可以得到全要素生产率增长率。索洛残差法开创了计算经济增长率的先河，是新古典增长理论的重要贡献之一（Lucas,1988）。但是，新古典增长理论的假设也正是这一算法最大的缺陷，即完全竞争的市场、规模收益不变、希克斯中性技术的约束，在现实经济环境中很难得以满足；另外，在测算数据时，除了难以避免的原始数据统计误差，资本价格也难以确定，新旧资本设备生产效率的差异也会影响数据的真实性；最后，利用回归中"残差"代替全要素生产率，不可避免地会带来难以剔除的误差，导致估计的结果出现偏差。

二、曼奎斯特指数法

1953年，瑞典经济学家曼奎斯特（Sten Malmquist）在研究不同的无差异曲线上消费束如何移动时，首次提出利用缩放因子的比值构造曼奎斯特消费指数，形成了一种全新的消费数量指数。缩放因子是对应于Shephard（1953）生产分析中的距离函数而言的，表示给定消费组合为了达到某一无差异曲面，需要缩放的倍数。此后，Charnes、Cooper和Rhodes在1978年提出采用数据包络分析法（DEA），通过线性规划方法测度技术效率，距离函数概念得以快速发展。

1982年，Caves、Christensen和Diewert（CCD）将曼奎斯特消费指数运用于

生产率增长的分析,具体方法是利用线性规划技术构造距离函数,再通过距离函数之比构造生产率指标,并将这种指数命名为曼奎斯特生产率指数,简称曼奎斯特指数,进而开辟了以非参数法研究全要素生产率的先河。此后,利用曼奎斯特指数研究生产率增长的方法不断涌现。其中,Fare 等(1989、1994a、1994b)将曼奎斯特指数从理论演变成为实证指数,在 Grifell – Tatje 和 Lovell(1999)证明下,全要素生产率最终被分解为技术效率变化(Technical efficiency Change)、技术进步(Technical Change)、规模经济(Scale Efficiency)三部分,这一过程不仅从理论上探讨了经济增长的原动力,更为实证分析提供了定量测算方法。但是,Fare 等的分解工作存在一定的逻辑错误,之后的学者经过不断修正,最终形成了 RD(Ray 和 Desli)模型,曼奎斯特指数分解争论结束。

曼奎斯特指数法存在明显的优点,它不仅将生产率增长的分析脱离了成本函数或利润函数的约束、不考虑具体的函数形式,也不再考虑价格因素,还将生产率进行了更为细致的分解,都有助于从根本、细微之处揭示经济增长源自何处。而它的缺点就是仅考虑投入或产出某一方面的变化,并且不能处理"坏产出",即伴随着生产过程中产生的环境污染、不良贷款等情形。

曼奎斯特指数的推导过程如下:

假设投入 $x \in R_+^N$,产出 $y \in R_+^M$,t 期生产可能集 S^t 定义如式(2 – 7)所示:

$$S^t = \{(x, y) \mid 在 t 期, x 可以生产 y\} \qquad (2-7)$$

S^t 是 t 时期可行投入与产出的组合,为了使距离函数有意义地建立在生产可行性集上,假设 S^t 满足基本公理条件。

Shephard(1970)将 s 期生产活动 (x^s, y^s) 相对于 t 期生产可能集 S^t 的产出距离函数定义如式(2 – 8)所示:

$$D_o^t(x^s, y^s) = \inf\{\theta \mid (x^s, y^s/\theta) \in S^t\} = (\sup\{z \mid (x^s, zy^s) \in S^t\})^{-1} \qquad (2-8)$$

下标 o 是表示距离函数基于产出定义,$D_o^t(x^s, y^s) \leq 1$ 和 $D_o^t(x^s, y^s) = 1$ 分别表示 (x^s, y^s) 在生产可能集的内部和前沿上,生产相对是有效的。

假设存在 $k = 1, \cdots, K$ 个决策单元(DUM),每个决策单元在 $t = 1, \cdots, T$ 期使用 $n = 1, \cdots, N$ 种投入 $x_n^{k,t}$,并得到 $m = 1, \cdots, M$ 种产出 $y_m^{k,t}$。由观察到的决策单元构成的 t 期规模报酬不变的生产可能集如式(2 – 9)所示:

$$S^t(C) = \{(x^t,y^t) \mid x^t \geq \sum_{k=1}^{K} \lambda^{k,t} x^{k,t}; y^t \leq \sum_{k=1}^{K} \lambda^{k,t} y^{k,t}; \lambda^{k,t} \geq 0, k = 1,\cdots,K\}$$

(2-9)

由 $\sum_{k=1}^{K} \lambda^{k,t} = 1$，得 t 期规模报酬可变的生产可能集为：$S^t(V) = \{(x^t, y^t) \mid x^t \geq \sum_{k=1}^{K} \lambda^{k,t} x^{k,t}; y^t \leq \sum_{k=1}^{K} \lambda^{k,t} y^{k,t}; \lambda^{k,t} \geq 0, \sum_{k=1}^{K} \lambda^{k,t} = 1, k = 1,\cdots,K\}$。

由三个不同时期 $s = t-1$，t，$t+1$，两种不同的生产可能集 $S^t(C)$，$S^t(V)$ 可以得到六组距离函数：$D_o^t(x^s, y^s)$，$a = C, V$，$s = t-1, t, t+1$。根据式（2-2）~式（2-4），距离函数为 DEA 理论中模型和模型最优值的倒数，如式（2-10）所示：

$$(C^2R) \begin{cases} \max z_c = (D_c^t(x^{k,s}, y^{k,s}))^{-1} \\ x_n^{k,s} \geq \sum_{k=1}^{K} \lambda^{k,t} x_n^{k,t}, n = 1,\cdots,N \\ z_c y_m^{k,s} \leq \sum_{k=1}^{K} \lambda^{k,t} y_m^{k,t}, m = 1,\cdots,M \\ \lambda^{k,t} \geq 0, k = 1,\cdots,K \end{cases}$$

$$(B^2C) \begin{cases} \max z_v = (D_v^t(x^{k,s}, y^{k,s}))^{-1} \\ x_n^{k,s} \geq \sum_{k=1}^{K} \lambda^{k,t} x_n^{k,t}, n = 1,\cdots,N \\ z_v y_m^{k,s} \leq \sum_{k=1}^{K} \lambda^{k,t} y_m^{k,t}, m = 1,\cdots,M \\ \sum_{k=1}^{K} \lambda^{k,t} = 1; \lambda^{k,t} \geq 0, k = 1,\cdots,K \end{cases}$$

(2-10)

Lovell 将构成 CRS 生产可能集的前沿技术称为基准技术，是为了计算全要素生产率定义的参照技术；将构成 VRS 生产可能集的前沿技术称为最佳时间技术，是现实中存在的前沿技术。曼奎斯特指数定义在基准技术之上，基于 t 期和 $t+1$ 期参照技术的曼奎斯特指数如式（2-11）所示：

$$M_t(x^t, y^t, x^{t+1}, y^{t+1}) = \frac{D_c^t(x^{t+1}, y^{t+1})}{D_c^t(x^t, y^t)}$$

$$M_{t+1}(x^t, y^t, x^{t+1}, y^{t+1}) = \frac{D_c^{t+1}(x^{t+1}, y^{t+1})}{D_c^{t+1}(x^t, y^t)} \qquad (2-11)$$

由于 t 期和 $t+1$ 期参照技术定义的曼奎斯特指数经济学含义是对称的,在 Fisher(1922)理想指数思想下,两期的几何平均即为综合生产率指数,如式(2-12)所示:

$$M(x^t, y^t, x^{t+1}, y^{t+1}) = (M_t \cdot M_{t+1})^{\frac{1}{2}} = \left[\frac{D_c^t(x^{t+1}, y^{t+1})}{D_c^t(x^t, y^t)} \frac{D_c^{t+1}(x^{t+1}, y^{t+1})}{D_c^{t+1}(x^t, y^t)}\right]^{\frac{1}{2}}$$
$$(2-12)$$

考虑现实技术是 VRS 的,即为规模报酬可变时,曼奎斯特指数的 RD 分解如式(2-13)所示:

$$M(x^t, y^t, x^{t+1}, y^{t+1}) = \frac{D_v^{t+1}(x^{t+1}, y^{t+1})}{D_v^t(x^t, y^t)} \times \left[\frac{D_v^t(x^t, y^t)}{D_v^{t+1}(x^t, y^t)} \frac{D_v^t(x^{t+1}, y^{t+1})}{D_v^{t+1}(x^{t+1}, y^{t+1})}\right]^{\frac{1}{2}} \times$$

$$\left[\frac{D_c^t(x^{t+1}, y^{t+1})/D_v^t(x^{t+1}, y^{t+1})}{D_c^t(x^t, y^t)/D_v^t(x^t, y^t)} \frac{D_c^{t+1}(x^{t+1}, y^{t+1})/D_v^{t+1}(x^{t+1}, y^{t+1})}{D_c^{t+1}(x^t, y^t)/D_v^{t+1}(x^t, y^t)}\right]^{\frac{1}{2}}$$

$$= TE\Delta_{RD} \times T\Delta_{RD} \times S\Delta_{RD}$$
$$(2-13)$$

以上三个变量依次表示技术效率变动、技术进步和规模报酬变动。

三、卢恩伯格指数方法

曼奎斯特指数在研究中得到了广泛应用,但是却难以处理伴随着"好产出"(Good Outputs)而出现的"坏产出"(Undesirable Outputs)问题,针对这一难题,Chung 等(1997)构建了能够测度"坏产出"的 Malmquist – Luenberger 生产率指数(Malmquist – Luenberger Productivity Index,ML 指数)。ML 指数建立的基础是可以同时处理投入与产出变化的方向性距离函数,基本思路就是通过 DEA 技术构造出经济体的生产可能性边界,然后利用方向性距离函数计算经济体中每个决策单元与生产可能性边界的距离,最后利用两期方向性距离函数计算出在此期间的 ML 指数,由此解决了在减少"坏产出"的同时实现全要素生产率的测算问题,指数的基本推导过程如下。

假设每一个决策单元使用 N 种投入 $x = (x_1, \cdots, x_N) \in R_+^N$，得到 M 种"好产出" $y = (y_1, \cdots, y_M) \in R_+^M$，以及 I 种"坏产出" $b = (b_1, \cdots, b_I) \in R_+^I$。生产可能性集如式（2-14）所示：

$$P(x) = \{(y, b) : x \text{ 可以产出}(y, b)\}, \quad x \in R_+^N \qquad (2-14)$$

假设 $P(x)$ 满足以下四个条件：

（1）闭集和凸集；

（2）投入要素和"好产出"可以自由处理：若 $(y, b) \in P(x)$ 且 $y' \leq y$ 或者 $x' \geq x$，那么 $(y', b) \in P(x)$，$P(x) \subseteq P(x')$；

（3）联合弱可处置性（Jointly Weak Disposability）：如果 $(y, b) \in P(x)$ 且 $0 \leq \theta \leq 1$，那么 $(\theta y, \theta b) \in P(x)$；

（4）零结合性（Null-jointness）：如果 $(y, b) \in P(x)$ 且 $b = 0$，那么 $y = 0$。零结合性意味着有"好产出"时，必然有"坏产出"产生。

Fare 等（2001）在 Luenberger（1992、1995）短缺函数的基础上建立了方向性距离函数，如式（2-15）所示：

$$\vec{D}_o^t(x^t, y^t, b^t, g) = \sup\{\beta \mid (y^t, b^t) + \beta g \in P(x^t)\} \qquad (2-15)$$

其中，$g = (g_y, g_b)$ 表示方向向量。若向量为 $g = (y, -b)$，意味着在给定投入 x 时，作为好产出 y 成比例扩大的同时，坏产出 b 是成比例收缩的，β 是好产出增长、坏产出减少的最大可能数量。也可表达为：

$$\vec{D}_o^t(x^t, y^t, b^t; g_y, -g_b) = \sup\{\beta \mid (y^t + \beta g_y, b^t - \beta g_b) \in P(x^t)\}$$

此时，$g = (g_y, -g_b)$ 是一个方向向量。

在设定完基本的生产集和方向性距离函数之后，依据 Chung 等（1997）建立两期的几何平均 ML 指数，如式（2-16）所示：

$$ML_t^{t+1} = \left[\frac{(1+\vec{D}^t(y^t, b^t; g_y, -g_b))}{(1+\vec{D}^t(y^{t+1}, b^{t+1}; g_y, -g_b))} \cdot \frac{(1+\vec{D}^{t+1}(y^t, b^t; g_y, -g_b))}{(1+\vec{D}^{t+1}(y^{t+1}, b^{t+1}; g_y, -g_b))}\right]^{\frac{1}{2}}$$

$$ML_t^{t+1} = \left[\frac{(1+\vec{D}^t(y^t, b^t; g_y, -g_b))}{(1+\vec{D}^{t+1}(y^{t+1}, b^{t+1}; g_y, -g_b))}\right] \times$$

$$\left[\frac{(1+\vec{D}^{t+1}(y^t, b^t; g_y, -g_b))(1+\vec{D}^{t+1}(y^{t+1}, b^{t+1}; g_y, -g_b))}{(1+\vec{D}^t(y^t, b^t; g_y, -g_b))(1+\vec{D}^t(y^{t+1}, b^{t+1}; g_y, -g_b))}\right]^{\frac{1}{2}}$$

$$= \text{Efficiency Change} \times \text{Technical Change} \tag{2-16}$$

ML 指数被拆分为两部分：t 期到 $t+1$ 期，效率变化（Efficiency Change）和技术变化（Technical Change）。当 ML 指数大于或者小于 1 时，表示 t 期到 $t+1$ 期的生产率增长或衰退，等于 1 则表示生产率没有发生变化。技术变化主要讲 t 期到 $t+1$ 期，整个行业生产前沿面的变化，如果大于 1，意味着整个前沿面向前推进，整体技术得以提高，"好产出"增加的同时"坏产出"减少，小于 1 则相反，技术衰退；效率变化则针对单个决策单元而言，效率变化大于 1 时，某个决策单元向前沿面推进程度（Catching-up）提高，小于 1 时会有衰减。

四、成本函数方法

在讨论指数方法对全要素生产率进行估算时，都隐含着一个基本假设，即厂商是完全有效的。当考虑实际情况，放松厂商完全有效这一假设，可以利用与生产函数法对偶的成本函数法对全要素生产率进行估算。生产函数法是对生产函数的直接估算，而成本函数法的估算基础是成本函数或者利润函数。通常利用数据包络分析和随机前沿方法对成本函数法进行研究，这两种方法分别使用数学规划和经济计量方法。

1. 随机前沿方法

Christensen、Jorgenson 和 Lau（1973）提出了超越对数成本函数（Translog Cost Function, TCF），成本函数的研究得到扩展。TCF 模型在不需要太多假设前提的基础上，很好地考量了企业具有多个产出品的情况，只需要利用标准的统计方法即可对参数进行估算，各参数所代表的经济意义也简单明了，相关实证研究逐渐丰富。之后，成本函数估算的 TFP 也被分解为技术改进和规模经济两部分，较早的是 Denny、Fuss、Waverman（1981）对美国工业全要素生产率的分解。

在成本函数中，全要素生产率定义如式（2-17）所示：

$$\dot{TFP} = \dot{Q} - \dot{F} \tag{2-17}$$

其中，$\dot{Q}$ 是产出变化率，$\dot{F}$ 是全要素投入变化率，它是随着时间推移成比例变化的变量。测量 F 时，选取 Divisia 指数如式（2-18）所示：

$$\dot{F} = \sum \frac{P_i X_i}{C} \dot{X}_i \tag{2-18}$$

其中，P_i 是投入 i 的价格，X_i 是投入 i 的权重，$\dot{X}_i$ 是投入 i 的比例增长率，C 是总成本。在成本最小化行为假设下，对数理论意味着对任何等价的生产函数而言，都存在一个等价的成本函数，可定义为如式（2-19）所示：

$$C = f(P_i, Q, T) \tag{2-19}$$

其中，P 是投入的价格向量；T 是技术指标指数，它是一个简单的时间函数；Q 是产出。式（2-19）两端同时对时间求导可得如式（2-20）所示：

$$\frac{dC}{dT} = \frac{\partial f}{\partial P}\frac{dP}{dT} + \frac{\partial f}{\partial Q}\frac{dQ}{dT} + \frac{\partial f}{\partial T} \tag{2-20}$$

等式两端同时除以 C，同时等式右端第一项乘以 $P\frac{1}{P}$、第二项乘以 $Q\frac{1}{Q}$，可得如式（2-21）所示：

$$\frac{1}{C}\frac{dC}{dT} = \frac{1}{C}\frac{\partial f}{\partial P}P\frac{1}{P}\frac{dP}{dT} + \frac{1}{C}\frac{\partial f}{\partial Q}Q\frac{1}{Q}\frac{dQ}{dT} + \frac{1}{C}\frac{\partial f}{\partial T} \tag{2-21}$$

$\frac{1}{C}\frac{dC}{dT} = \frac{P}{C}\frac{\partial f}{\partial P}\dot{P} + \frac{Q}{C}\frac{\partial f}{\partial Q}\dot{Q} + \frac{1}{C}\frac{\partial f}{\partial T}$，其中 $\frac{\partial f}{\partial P_i} = X_i$（谢波德引理），可得如式（2-22）所示：

$$\frac{1}{C}\frac{dC}{dT} = \sum_i \frac{P_i X_i}{C}\dot{P}_i + \frac{\partial f}{\partial Q}\frac{Q}{C}\dot{Q} + \frac{1}{C}\frac{\partial f}{\partial T} \tag{2-22}$$

右端第一项表示成本的比例变化是总投入的比例变化的总和，第二项中 $\frac{\partial f}{\partial Q}\frac{Q}{C} = \eta_{CQ}$ 表示产出弹性，第三项中技术变动为 $\dot{\theta} = \frac{1}{C}\frac{\partial f}{\partial T}$，由于技术变动引起了成本函数比例移动，式（2-22）可表达如式（2-23）所示：

$$\begin{aligned}\dot{C} &= \sum_i \frac{P_i X_i}{C}\dot{P}_i + \eta_{CQ}\dot{Q} + \dot{\theta} \\ \dot{\theta} &= \dot{C} - \sum_i \frac{P_i X_i}{C}\dot{P}_i - \eta_{CQ}\dot{Q}\end{aligned} \tag{2-23}$$

式（2-23）展示了成本函数的比例移动 $\dot{\theta}$ 等于成本的比例变化 $\dot{C}$ 减去总投入的比例变化 $\left[\sum_i \frac{P_i X_i}{C}\dot{P}_i\right]$，再减去规模经济变化 $\eta_{CQ}\dot{Q}$。$\left[\sum_i \frac{P_i X_i}{C}\dot{P}_i\right]$ 可表示为

$C = \sum_i P_i X_i$。两端同时对时间 T 求导，即 $\frac{dC}{dT} = \sum_i P_i \frac{dX_i}{dT} + \sum_i X_i \frac{dP_i}{dT}$，两端同时除以 C，右端第一项、第二项分别乘以 $X\frac{1}{X}$、$P\frac{1}{P}$ 可得式（2-24）：

$$\frac{1}{C}\frac{dC}{dT} = \sum_i P_i \frac{1}{C} X \frac{1}{X} \frac{dX_i}{dT} + \sum_i X_i \frac{1}{C} P \frac{1}{P} \frac{dP_i}{dT} \quad (2-24)$$

由于 $\dot{C} = \sum_i \frac{P_i X_i}{C}\dot{X} + \sum_i \frac{P_i X_i}{C}\dot{P}$，可得如式（2-25）所示：

$$\sum_i \frac{P_i X_i}{C}\dot{P} = \dot{C} - \sum_i \frac{P_i X_i}{C}\dot{X} \quad (2-25)$$

将式（2-25）代入式（2-24）可得如式（2-26）和式（2-27）所示：

$$-\dot{\theta} = \eta_{CQ}\dot{Q} - \dot{F} \quad (2-26)$$

$$-\dot{F} = -\dot{\theta} - \eta_{CQ}\dot{Q} \quad (2-27)$$

将式（2-27）代入式（2-17）可得如式（2-28）所示：

$$T\dot{F}P = -\dot{\theta} + (1-\eta_{CQ})\dot{Q} \quad (2-28)$$

式（2-28）中 TFP 的增长被分为两部分，技术增长和规模报酬增长。当规模报酬不变，$\eta_{CQ} = 1$，则 $T\dot{F}P = -\dot{\theta}$，此时，不管是反映在生产函数上还是成本函数上，全要素生产率的变化都来自技术的变化。当成本弹性是已知时，成本函数的转移和规模效应可以分离，同时，成本弹性可以从特定的成本函数中推导得出。

当成本函数是超对数形式时，它比其他的函数形式更具灵活性，这一性质被 Hildebrand 和 Liu（1957）得以证实，同时生产率增长可以通过相关参数与该特定成本函数的成本弹性连接起来。成本函数（2-19）的超对数形式可以定义如式（2-29）所示：

$$\begin{aligned}\log C(Q, P_i, T) = &\alpha_o + \alpha_Q \ln Q + \sum_i \alpha_i \ln P_i + \delta_t \ln T + \sum_i \beta_{Q_i} \ln Q \ln P_i + \\ &\sum_i Y_i \ln P_i \ln T + 0.5 \sum_i \sum_j \beta_{ij} \ln P_i \ln P_j + \gamma_{QT} \ln Q \ln T + \\ &0.5\alpha_{QQ}(\ln Q)^2 + 0.5\delta_{TT}(\ln T)^2\end{aligned} \quad (2-29)$$

此时，劳动力为 L，资本为 K，C、Q 分别为成本和产出，P_i 和 T 是投入品价格和时间变量。当有 n 个解释变量，在超对数函数中将会有 $1 + \frac{n(n+1)}{2}$ 个参数需要估计。

利用谢波德引理，从式（2-29）可得成本份额方程如式（2-30）所示：

$$S_i = \alpha_i + 0.5 \sum_j \beta_{ij} \ln P_j + \beta_{Q_i} \ln Q + \gamma_i \ln T \qquad (2-30)$$

其中，$S_i = \frac{\partial \ln C}{\partial \ln P_i} = \frac{P_i X_i}{C}$ 是成本份额，$\sum_i S_i = 1$。

成本弹性参数可以通过式（2-29）获得，如式（2-31）所示：

$$\eta_{CQ} = \alpha_Q + \alpha_{QQ} \ln Q + \sum_i \beta_{Q_i} \ln P_i + \gamma_Q \ln T \qquad (2-31)$$

当方程参数保持多年稳定时，每年的成本弹性可以通过计算 η_{CQ} 获得。

利用 Zellner 似无关回归方法对式（2-29）、式（2-30）中超对数函数的参数进行估计成本函数。成本弹性主要是通过对超对数成本函数的参数进行联合估计获取，它的平均值则是通过统计意义上 η_{CQ} 估计得到。投入指标通过 Törnqvist 指数计算而得。将成本弹性的平均值代入式（2-26），技术改进可通过估算成本变动幅度得到恰当估计，将技术改进与可变规模报酬代入式（2-28）即可估算出全要素生产率及其增长率。

2. 数据包络分析方法

与生产函数的分解对应的是与其对偶的成本函数分解，即将成本函数分解为非参数的 DEA 形式的全要素生产率。Coelli 等（1998）指出，资源配置效率（Allocative Efficiency Change，AEC）对全要素生产率的提高有着重要的作用，为了克服曼奎斯特指数不能反映资源配置效率的缺点，Bauer（1990）和 Balk（1997）将全要素生产率进行分解为一部分为资源配置效率的形式。

考虑在 t 期，$x^t \in R_+^n$，$y^t \in R_+^m$ 分别表示投入向量和产出向量，那么在 t 期生产要素必要集合（Input Requirement Set）如式（2-32）所示：

$$L^t(y^t) = \{x^t : x^t \text{ 可产出 } y^t\} \qquad (2-32)$$

$L^t(y^t)$ 指所有的投入向量可以产出 y^t 的集合，假设 $L^t(y^t)$ 是非空、闭合、有界、满足凸性、投入和产出都满足强可处置性。$L^t(y^t)$ 的边界为等投入线（Input Isoquant），满足如式（2-33）所示投入约束：

$$IsoqL^t(y^t) = \{x^t: x^t \in L^t(y^t), \lambda x^t \notin L^t(y^t), \lambda < 1\} \qquad (2-33)$$

对任一投入产出向量 $\{x^t, y^t\}$ 而言,其投入距离函数(Input Distance Function)依据 Shephard(1970),Färe(1994)的定义可表示如式(2-34)所示:

$$D_i^t(y^t, x^t) = \sup_\theta \{\theta: (\frac{x^t}{\theta}) \in L^t(y^t), \theta > 0\} \qquad (2-34)$$

下标 i 代表投入导向计算,θ 表示给定产出水平投入向量能够减少的倍数,能够减少的最大倍数为投入距离函数 $D_i^t(y^t, x^t)$。由此若投入要素 x 是 $L^t(y^t)$ 中的元素,那么 $D_i^t(y^t, x^t) \geq 1$。这一投入距离函数是 Farrell(1957)定义的生产面投入导向技术效率(Input-oriented Technical Efficiency,TE_i)的倒数,如式(2-35)所示:

$$TE_i^t(y^t, x^t) = \min_\varphi \{\varphi: (\varphi x^t) \in L^t(y^t), \varphi > 0\} \qquad (2-35)$$

在投入距离函数基础上,加上投入要素的价格限制可以得到生产 y 的最低成本。对应产出向量 $y^t \in R_+^m$ 和投入要素价格向量 $w^t \in R_+^n$,在 t 期技术下,成本函数表示如式(2-36)所示:

$$C^t(y^t, w^t) = \min_{x^t}\{w^t \cdot x^t: x \in L(y, t), w^t > 0\} \qquad (2-36)$$

$C^t(y^t, w^t)$ 指在 t 期技术与投入要素价格向量 w^t 下,生产特定产出 y^t,所得到的最低成本。此时,对应任一投入产出向量 (x^t, y^t) 在要素投入价格 w^t 下,在 t 期成本面投入导向成本效率可以定义为 CE^t,可得成本效率如式(2-37)所示:

$$CE^t(y^t, w^t, x^t) = \frac{C^t(y^t, w^t)}{w^t \cdot x^t}, \quad 0 < CE^t(y^t, w^t, x^t) \leq 1 \qquad (2-37)$$

根据 Mahler 不等式可得如式(2-38)所示:

$$C^t(y^t, w^t) \leq w^t \cdot x^t / D_I^t(y^t, x^t) \qquad (2-38)$$

经典的生产率指标可以进行如式(2-39)所示分解:

$$TFP^{t,t+1} = \left[\frac{D_I^t(y^t, x^t)}{D_I^t(y^{t+1}, x^{t+1})} \cdot \frac{D_I^{t+1}(y^t, x^t)}{D_I^{t+1}(y^{t+1}, x^{t+1})}\right]^{\frac{1}{2}} \qquad (2-39)$$

技术效率改进分解为:

$$TE^{t,t+1} = \frac{D_I^t(y^t, x^t)}{D_I^{t+1}(y^{t+1}, x^{t+1})}$$

技术改进分解为：

$$TC^{t,t+1} = \left[\frac{D_I^{t+1}(y^t, x^t)}{D_I^t(y^t, x^t)} \cdot \frac{D_I^{t+1}(y^{t+1}, x^{t+1})}{D_I^t(y^{t+1}, x^{t+1})} \right]^{\frac{1}{2}}$$

由此可将成本全要素生产率指标分解：

$$CTFP = \left[\frac{w^t \cdot x^t / C^t(y^t, w^t)}{w^t \cdot x^{t+1} / C^t(y^{t+1}, w^t)} \cdot \frac{w^{t+1} \cdot x^t / C^{t+1}(y^t, w^{t+1})}{w^{t+1} \cdot x^{t+1} / C^{t+1}(y^{t+1}, w^{t+1})} \right]^{\frac{1}{2}}$$

$$= \left[\frac{w^{t+1} \cdot x^t / C^{t+1}(y^t, w^{t+1})}{w^t \cdot x^t / C^t(y^t, w^t)} \cdot \frac{w^{t+1} \cdot x^{t+1} / C^{t+1}(y^{t+1}, w^{t+1})}{w^t \cdot x^{t+1} / C^t(y^{t+1}, w^t)} \right]^{\frac{1}{2}} \cdot$$

$$\frac{w^t \cdot x^t / C^t(y^t, w^t)}{w^{t+1} \cdot x^{t+1} / C^{t+1}(y^{t+1}, w^{t+1})} = CTCH^{t,t+1} \cdot COEC^{t,t+1}$$

CTCH 是成本技术改进（Cost–technical Change），COEC 是效率改进（Overall Efficiency Change），其中 COEC 可进一步分解为：

$$COEC^{t,t+1} = \frac{w^t \cdot x^t / C^t(y^t, w^t)}{w^{t+1} \cdot x^{t+1} / C^{t+1}(y^{t+1}, w^{t+1})} = \frac{D_I^t(y^t, x^t)}{D_I^{t+1}(y^{t+1}, x^{t+1})} \cdot$$

$$\frac{w^t \cdot x^t / (C^t(y^t, w^t) \cdot D_I^t(y^t, x^t))}{w^{t+1} \cdot x^{t+1} / (C^{t+1}(y^{t+1}, w^{t+1}) \cdot D_I^{t+1}(y^{t+1}, x^{t+1}))}$$

$$= CTE^{t,t+1} \cdot CAE^{t,t+1}$$

CTE（Technology Change）是技术改进，CAE（Allocative Effect）是分配效用，成本技术改进可进一步分解。

$$CTCH^{t,t+1} = \left[\frac{w^{t+1} \cdot x^t / C^{t+1}(y^t, w^{t+1})}{w^t \cdot x^t / C^t(y^t, w^t)} \cdot \frac{w^{t+1} \cdot x^{t+1} / C^{t+1}(y^{t+1}, w^{t+1})}{w^t \cdot x^{t+1} / C^t(y^{t+1}, w^t)} \right]^{\frac{1}{2}}$$

$$= \left[\frac{D^{t+1}(y^{t+1}, x^{t+1})}{D^t(y^{t+1}, x^{t+1})} \cdot \frac{D^{t+1}(y^t, x^t)}{D^t(y^t, x^t)} \right]^{\frac{1}{2}} \times$$

$$\left[\frac{w^{t+1} \cdot x^{t+1} / (C^{t+1}(y^{t+1}, w^{t+1}) \cdot D^{t+1}(y^{t+1}, x^{t+1}))}{w^t \cdot x^{t+1} / (C^t(y^{t+1}, w^t) \cdot D^t(y^{t+1}, x^{t+1}))} \cdot \right.$$

$$\left. \frac{w^{t+1} \cdot x^t / (C^{t+1}(y^t, w^{t+1}) \cdot D^{t+1}(y^t, x^t))}{w^t \cdot x^t / (C^t(y^t, w^t) \cdot D^t(y^t, x^t))} \right]^{\frac{1}{2}}$$

$$= CTC^{t,t+1} \cdot CPE^{t,t+1}$$

CTC(Technolgy Change)是技术改进，CPE(Price Effect)是价格效用。因此，成本生产率指标可以被分解为以下各部分：

$$CTFP^{t,t+1} = COEC^{t,t+1} \cdot CTCH^{t,t+1}$$

$$= CTE^{t,t+1} \cdot CAE^{t,t+1} \cdot CTC^{t,t+1} \cdot CPE^{t,t+1}$$

$$= TFP^{t,t+1} \cdot CAE^{t,t+1} \cdot CPE^{t,t+1}$$

由此可见，成本全要素生产率指数由全要素生产率、成本分配效应和成本价格效应共同决定。

其中，DEA 模型可设置为如式（2-40）和式（2-41）所示：

每一期都有 $j = 1, \cdots, J$ 个生产单位，在 t 期第 k 个单位的投入为 x_{kn}^t，产出为 y_{km}^t，投入品的价格为 w_{kn}^t。

$$C^t(y^t, w^t) = \min_{x,z} w_{kn}^t x_n,$$

$$s.t. \quad \sum_{j=1}^{J} z_j y_{jm}^t \geqslant y_{km}^t,$$

$$\sum_{j=1}^{J} z_j x_{jn}^t \leqslant x_n, \quad (2-40)$$

$$z_j \geqslant 0, x_n \geqslant 0,$$

$$C^t(y^{t+1}, w^t) = \min_{x,z} w_{kn}^t x_n,$$

$$s.t. \quad \sum_{j=1}^{J} z_j y_{jm}^t \geqslant y_{km}^{t+1},$$

$$\sum_{j=1}^{J} z_j x_{jn}^t \leqslant x_n, \quad (2-41)$$

$$z_j \geqslant 0, x_n \geqslant 0$$

利用式（2-40）、式（2-41）可计算出 $C^{t+1}(y^{t+1}, w^{t+1})$ 和 $C^{t+1}(y^t, w^{t+1})$。

距离函数定义如式（2-42）和式（2-43）所示：

$$[D_i^t(y^t, x^t)]^{-1} = \min_{z,\theta} \theta,$$

$$s.t. \quad \sum_{j=1}^{J} z_j y_{jm}^t \geqslant y_{km}^t,$$

$$\sum_{j=1}^{J} z_j x_{jn}^t \leqslant \theta x_{kn}^t, \quad (2-42)$$

$$z_j \geqslant 0;$$

$$[D_i^t(y^{t+1}, x^{t+1})]^{-1} = \min_{z,\theta} \theta,$$

$$s.t. \quad \sum_{j=1}^{J} z_j y_{jm}^t \geqslant y_{km}^{t+1},$$

$$\sum_{j=1}^{J} z_j x_{jn}^t \leqslant \theta x_{kn}^{t+1}, \quad (2-43)$$

$$z_j \geqslant 0$$

利用式（2-42）和式（2-43）可计算出 $t+1$ 期的 $D_i^{t+1}(y^{t+1}, x^{t+1})$ 和 $D_i^{t+1}(y^t, x^t)$，将值代入指数及其分解因子定义式中即可。

第三章 质量创新管理和全要素生产率文献综述

第一节 经济增长及其影响因素

改革开放以来,我国经济高速增长,综合经济实力明显提升,但不容忽视的是,经济增速已明显放缓。我国经济增长的动力是什么?增长的可持续性如何?如何实现可持续发展?这是众多学者关注的问题,关于经济增长的研究数不胜数。

很多学者指出,我国经济增长过度依赖劳动、资本、能源等的消耗,而且带来较多的环境污染等社会成本,具有粗放式特征。徐康宁和邵军(2006)以1970~2000年世界各国的经济增长差异为研究对象,对自然禀赋与经济增长之间的关系进行了分析和研究,分析发现,自然资源的丰裕度与经济增长之间存在着显著的负相关性,制度落后、排挤人力资本与"荷兰病"是资源阻碍经济增长的主要渠道;卫兴华和侯为民(2007)指出,我国目前的经济增长仍具有粗放式特征,制约了经济的可持续发展和国际竞争力的提高,我国需要通过科技创新和体制创新实现经济的良性增长;赵进文和范继涛(2007)对经济增长与能源消费的关系进行了实证研究,认为我国经济增长对能源消费的影响具有非线性、非对称性、阶段性的特征；董敏杰和梁泳梅（2013）基于一个可以测算经济增长来源的非参数分析框架，以省级数据为样本，测算中国经济增长来源，分析发现，劳动对经济增长的贡献最小，资本对经济增长的贡献最大，中国经济对资本的依赖性很高且越来越强，全要素生产率对经济增长的贡献虽然低于资本，但仍是我国经济增长的重要动力之一；杨继生等（2013）构建了经济增长的环境和社会健康成本测度模型，分析我国粗放的经济增长模式所引发的环境和社会健康问题，分析表明，中国的经济增长具有明显的环境成本和社会健康成本；蔡昉（2013）指出，随着以劳动力短缺和工资持续提高为特征的"刘易斯转折点"的到来，资本报酬递减现象开始出现，靠政府主导投资以保持经济增长速度的方式不利于可持续发展，中国需通过政策调整、技术进步和体制改革来获得更高的效率，实现中国经济增长向全要素生产率支撑型模式转变；彭宜钟等（2014）采用改进的STR模型对我国经济增长率序列进行拟合，发现自新中国成立以来，改革开放和市场化显著增强我国经济增长的可持续性，但是要素投入仍然是我国经济增长的主要来源；梁泳梅和董敏杰（2015）采用新的经济增长非参数核算方法测算了1978~2013年的中国经济增长来源。研究发现，要素投入尤其是资本投入是中国经济增长的主要来源，而且近年来经济增长对资本的依赖性有强化趋势。

一些学者研究了金融发展对经济增长的影响。Zhang等（2012）利用我国286个城市2001~2006年的面板数据，实证分析了金融发展与经济增长的关系，结果表明，自我国加入世界贸易组织（World Trade Organization，WTO）以来，金融发展对经济增长有正向影响；韩廷春（2001）在建立金融发展与经济增长关联机制计量模型的基础上分析认为，技术进步与制度创新是中国经济增长最关键的因素，金融深化理论与利率政策必须与经济发展过程相适应，不能单纯追求金融发展与资本市场的数量扩张，应更加重视金融体系的效率与质量；赵振全和薛丰慧（2004）采用对Greenwood-Jovanovic模型修正后的产出增长率模型，实证分析我国金融发展对经济增长的作用，分析表明，信贷市场对经济增长的作用比较显著，而股票市场的作用并不明显，信贷市场的贡献是通过国内信贷总量的不断扩张实现的，而融资利用效率低下和资源的逆配置导致股票市场对经济增长几乎没有效应；陈刚等（2006）利用1979~2003年我国的省级面板数据，检验了金融发展对经济增长的影响，结果显示金融发展对经济增长具有显著的正向影响，这种影响主要是通过资本累积实现的，资本配置的效率很低，分税制改革则进一步降低了资本配置效率，进而降低了金融发展对经济增长的促进作用，要想更好地发挥金融对经济发展的支持作用，就必须将金融体制改革、财税体制改革和政府体制改革纳入一个统一的框架中；周宁东和汪增群（2007）采用面板数据实证研究了金融发展对经济增长的贡献，研究发现，金融发展对经济增长有重要影响，而且金融发展在质的提高方面比单纯量的扩张方面更能促进经济的增长；彭俞超（2015）基于1989~2011年46个国家的面板数据，考虑了金融结构等变量内生性可能的系统GMM回归显示，金融结构市场导向对经济增长的影响呈倒"U"形曲线，由于实际金融结构的市场导向远低于世界平均的"最优水平"，所以金融结构市场导向的提升总体而言有助于经济增长。

一些研究着力于人力资本、社会资本等非物质生产要素对经济增长的影响。Zhang和Zhuang（2011）利用GMM方法研究了人力资本构成对我国经济增长的影响，研究发现，高等教育对经济增长的促进作用总体上要强于基础教育和中等教育，而且因地区发展程度不同而存在差异，发展程度较高的省份更得益于高等教育，发展程度欠缺的省份更得益于基础教育和中等教育；祝树金和虢娟（2008）研究了教育支出、教育部门的技术溢出与经济增长的关系，结果表明，教育支出对地区经济增长有显著的正向作用，而且教育溢出与区域人力资本、研发投入和贸易开放等因素相互结合，共同推动经济增长；钱晓烨等（2010）利用省级数据，引入空间回归方法，包括空间滞后模型和空间误差模型，估计人力资本通过创新影响经济增长的作用，实证发现，劳动者高等教育水平与省域技术创新活动显著正相关，但技术创新对经济增长的作用并不明显，劳动者高等教育水平通过创新活动对经济增长的作用也不明显；严成樑（2012）在一个水平创新的经济增长模型中内生化社会资本积累，基于我国31个省份2001~2010年的数据，通过面板数据模型考察了社会资本对我国自主创新和经济增长的影响，研究发现，社会资本对创新和经济增长有着显著的促进作用，而且结论很稳健。

城市化和贸易对经济增长也有一定影响。王永齐（2006）利用VAR模型估计了中国的贸易结构与经济增长的关系，估计结果显示，中国的贸易结构并不显著影响经济增长，所以我国的贸易方式是一种相对粗放的贸易方式，贸易的结构效应也即我国的比较优势对经济增长的影响没有显现出来；沈坤荣和蒋锐（2007）指出，城市化通过两种渠道推动经济增长，一是城市化带来的聚集经济加速物质资本、人力资本和知识资本等要素的积累进而促经济增长，二是城市化使得农村剩余劳动力转移到城市，优化几大产业，实现了产业结构升级，进而促进经济增长；沈凌和田国强（2009）研究发现，减少低收入者数量所引致的贫富差距缩小有利于创新，而提高低收入者收入所引致的贫富差距缩小则不利于创新，所以，推进城市化以减少农村人口比单纯增加农民收入更有利于经济发展，是解决"三农"问题的根本方法；张远军（2014）基于我国各省1987~2012年面板数据，研究了城市化和贸易开放度对我国经济增长的影响，结果显示，城市化、贸易开放度是促进地区经济增长的重要力量，在城市化方面，主要通过固定资产投资、基础设施改善来刺激经济增长，而人力资本、知识溢出和产业结构升级的作用还有待提升；苏志庆和陈银娥（2014）以新增长理论为基础，构建数学模型，并采用比较静态分析方法分析不同贸易政策对模型结果的影响，结果显示，贸易是技术进步和经济增长的原因，贸易保护政策阻碍技术进步，降低经济福利。

官员与制度因素对经济增长的影响也成为一些学者的研究对象。张军和高远（2007）利用1978~2004年在各省任职的省委书记和省长的详细信息以及省级经济增长的数据分析了对省级高级官员的任期限制和异地交流是否以及如何影响地方的经济业绩，分析表明，官员的任期与经济增长呈现倒"U"形关系，官员的异地交流对经济增长有积极影响；徐现祥等（2007）基于1978~2005年省长（书记）交流样本构造了省长（书记）与省区相匹配的面板数据，分析了省长（书记）交流对流入省区经济增长的影响（省长交流效应），研究发现，省长交流能够使流入地的经济增长速度提高一个百分点左右；李富强等（2008）将制度引入增长模型诠释要素发展和经济增长的关系，分析认为，制度越完善，经济增长就越表现为人力资本和技术进步的发展，制度越不完善，经济增长就越受限于制度的发展，制度不仅直接作用于经济增长，而且还通过影响生产要素投入和配置效率来促进经济增长，产权制度是我国现阶段经济增长的最主要动力；王贤彬等（2009）研究了地方官员更替与经济增长的关系，并利用1979~2006年我国29个省份的官员更替样本进行实证检验；刘勇政和冯海波（2011）在传统研究公共支出的内生经济增长模型中引入腐败要素，建立了一个包含家庭、厂商和政府的一般均衡模型，研究发现，公共支出效率与经济增长呈正向关系，腐败通过影响公共支出效率间接作用于经济增长，该研究进一步运用中国30个省份1998~2008年的数据，同时采用多种静态和动态面板数据模型，实证检验并论证了以上理论假说。

技术创新和产业升级对经济增长的作用尤为受到关注。陈平和李广众（2001）利用格兰杰因果检验分析发现，结构转型促进了我国的经济增长；刘元春（2003）利用回归和结构计量分析方法对经济制度变迁、二元经济转型与经济增长之间的关系进行了计量分析，研究认为，二元经济转型引起的产业结构升级无论从增长质量的改善上还是经济增长的边际贡献上都高于经济制度的变迁，未来经济改革的核心应当从过去的所有制改革、市场化和开放化转向以二元经济转型为主导的产业结构调整上；罗浩（2007）扩展了新古典索洛模型，证明在特定技术条件下，自然资源的固定禀赋最终将使经济增长停滞，解决资源"瓶颈"有两种途径：一是产业转移，通过向外转移生产利用该地的自然资源，带动该后起地区的经济增长；二是技术进步，通过投入研发活动，开发出自然资源增进型技术，推动本地区的又一波经济增长；刘伟和张辉（2008）分析了技术进步和产业结构变迁对中国经济增长的贡献，研究表明，产业机构变迁对中国经济增长的贡献自改革开放以来不断降低，逐渐让位于技术进步；李宏彬等（2009）利用我国1983~2003年的省级面板数据，将企业家精神引入增长回归分析，实证研究了企业家的创业和创新精神对经济增长的影响，结果显示，企业家创业和创新精神对经济增长有显著的正效应；黄茂兴和李军军（2009）通过构建技术选择、产业结构升级与经济增长的关系模型，基于1991~2007年中国31个省份的面板数据，分析了技术选择、产业结构升级与经济增长之间的内在联系，并认为，只有选择适合当地发展的技术才能够促进产业结构升级和经济增长；卢方元和靳丹丹（2011）利用2000~2009年我国30个省份的研发投入与经济增长的相关数据，通过单位根检验和协整检验，建立面板数据模型，对研发投入与经济增长之间的长期均衡关系进行实证分析，结果表明，研发投入对经济发展具有明显的促进作用；申萌等（2012）则利用1997~2009年的省级面板数据检验了中国整体及东部、中部、西部地区技术进步对二氧化碳排放的影响，结果表明，技术进步对二氧化碳排放的直接效应为负，但间接效应为正，且大于直接效应，总体上导致二氧化碳排放增加，所以，中国目前的技术进步不能同时实现经济增长和二氧化碳减排；丁志国等（2012）研究认为，劳动力不是影响中国经济增长的核心动力，中国经济增长的"人口红利说"不存在科学依据，固定资产投资是我国经济增长的有效驱动力量，技术进步才是驱动中国经济健康持续增长的核心动力。

还有一些学者从其他角度研究经济增长的来源与可持续性。Wang 和 Lin（2014）利用2001~2011年我国的省份数据，研究宗教信仰对经济增长的影响，研究认为，宗教信仰总体上对经济增长有显著促进作用，其中，基督教对经济增长的作用最为显著且较稳健，其他宗教对经济增长的作用不稳健；Zheng 等（2016）在研究经济开发区对当地经济增长的影响时发现，经济开发区对于发展程度、工业化程度不同的地区所起到的作用也不同，只有发展程度、工业化程度较高的地区才能较好地借助经济开发区发展经济，所以，我们不能盲目地增加经济开发区，而应该根据各地区不同的发展特点选择适合的发展策略；徐升华和毛小兵（2004）则借助信息产业对经济增长贡献的理论与实证分析发现，无论对发达国家还是发展中国家，把信息产业作为新的经济增长点加快发展，必将会对促进国民经济持续发展发挥重要的助推作用；章元和刘修岩（2008）利用我国城市的面板数据检验了聚集经济与经济增长之间的关系，研究发现，考虑了聚集经济的内生性后，聚集经济对 GDP 增长速度具有显著的正向影响；刘生龙和胡鞍钢（2010）基于一个巴罗类型的增长模型以及对该模型进行分解，利用我国28个省份1987~2007年的面板数据分析交通基础设施对经济增长的影响，分析表明，交通基础设施对经济增长有着显著的正向促进作用。

第二节 产业结构升级与技术创新

在众多影响经济增长的因素中,产业结构升级和技术创新是关注的焦点,有必要对产业结构和技术创新做更进一步的了解。

一、产业结构升级

产业结构是指各产业的构成及各产业之间的联系和比例关系。在经济发展过程中,由于分工越来越细,因而产生了越来越多的生产部门。这些不同的生产部门,受到各种因素的影响和制约,会在增长速度、就业人数、在经济总量中的比重、对经济增长的推动作用等方面表现出很大的差异。因此,在一个经济实体当中(一般以国家和地区为单位),在每个具体的经济发展阶段、发展时点上,组成国民经济的产业部门是大不一样的。各产业部门的构成及相互之间的联系、比例关系不尽相同,对经济增长的贡献大小也不同。

与发达国家相比,我国一直以来都是一个资源丰裕但技术落后的发展中国家,这种比较优势使我国处于国际产业链的较低端,产业结构也处于较低层次,为了实现可持续发展,产业结构升级必不可少。产业结构升级主要包括三个方面:由以轻纺工业为主要经济结构上升到以重化学工业为主的经济结构;由以原材料为重心的经济结构上升到以加工组装为主的经济结构;由以低附加值的劳动密集型产业为主上升到以高附加值的技术密集型产业为主。此外,从整个国民经济的产业结构变化看,产业结构升级还包括国民经济重心由第一产业向第二产业,进而向第三产业的升级。

为了更好地发挥产业结构转变升级对经济增长的作用,很多研究关注产业结构转变升级与经济增长的关系、产业结构升级需注意的问题等方面。

Cao 和 Birchenall(2013)研究发现,农业部门的全要素生产率增长主要通过劳动力向非农部门的转移进而促进非农部门的全要素生产率增长和总体经济增长；Cheong和Wu（2014）指出，中国的产业结构转变升级的确促进了经济增长，但也加剧了地区发展的不平衡性，为了实现可持续发展，政府应该在实施产业结构转变升级的同时兼顾地区发展的均衡性；简新华和于波（2001）认为，为了真正实现我国的可持续发展，必须努力调整产业结构，促进产业结构升级，大力发展第三产业、环保产业和高新技术产业；刘伟和李绍荣（2002）对中国经济的实证分析说明，过去中国经济的增长主要是靠制度改革由第三产业拉动的，然而第三产业的结构扩张会降低第一产业和第二产业对经济规模的正效应，因此只有通过提高第一产业和第二产业的效率才能获得长期稳定的经济增长；张亚斌等（2006）借助经济地理学，将一国产业结构升级过程中涉及的"微观主体""中观层面""宏观整体"融入一个统一的分析框架中，发现一国产业结构升级首先应在区域"圈层"经济内部实现产业企业的合理转移、分工和技术扩散来提升"圈层"经济内部产业结构，再通过产业在全国不同区域的合理布局实现不同"圈层"经济间的产业结构协同升级，最终达到提升整个国家产业结构的目标；干春晖和郑若谷（2009）分析了我国三个不同时间段的产业结构的演进和生产率的差异，并利用偏离—份额法分析了产业结构的生产率增长效应，研究发现，生产率的增长主要来自产业内部，尤其是第二产业内部，劳动力要素的产业间转移存在"结构红利"，资本的产业间转移存在"结构负利"；郑若谷等（2010）将产业结构和制度引入随机前沿生产函数的分析框架中，探讨了产业结构和制度对经济增长的影响，分析表明，产业结构和制度不仅对经济规模产生直接影响，而且通过影响生产要素的资源配置对经济增长产生间接影响，其中，产业结构调整对经济增长的直接影响在短期和长期都很明显，但是其要素配置功能只有短期效应，制度对经济增长的直接影响是短期的，但是要素配置功能具有长期和短期效应；张同斌和高铁梅（2012）构建了高新技术产业的可计算一般均衡模型，考察了财政激励政策和税收优惠政策对高新技术产业发展进而对产业结构调整的影响，结果显示，财政激励政策和税收优惠政策都能够有效促进高新技术产业的产出增长和内部结构的优化，在产出增长方面，财政激励政策更有效，在内部结构优化方面，税收优惠政策更有效，两种政策都通过对高新技术产业的影响进而对产业结构也产生一定影响，由于财政激励政策更加灵活公平，所以，在制定高新技术产业财税政策时，鼓励使用财政激励政策，谨慎使用税收优惠政策；吕健（2012）采用空间面板数据模型，考察了产业结构调整背景下全国和东部、中部、西部地区1995～2011年经济增长和结构性因素之间的关系，实证结果表明，由于东部地区的产业转移，东部地区经济增长呈现"结构性减速"，中西部地区呈现"结构性加速"，全国经济总体上维持在"结构性加速"阶段，但经济增长分化的格局已经形成；薛继亮（2013）利用2003～2011年中国统计数据，实证分析了技术选择和产业结构转型升级的作用机理，分析认为，我国的整体产业发展技术不断进步，促进产业不断转型升级，这表明，合适的技术选择将会较大地推进产业转型升级，但是技术选择路径是自主创新还是技术引进有待进一步关注；黄亮雄等（2013）从产业结构的调整幅度、调整质量与调整路径三个维度评价中国自1999年以来的产业结构调整，发现在调整幅度上，中国产业结构变动幅度呈现倒"U"形，在调整质量上，中国的产业结构越来越倚重于高生产率和高技术复杂度的行业，在调整路径上，中国的产业结构调整已逐渐降低同先进经济体的相似度，进行新一轮产业结构调整的探索；何平等（2014）对"十一五"期间产业结构的优化过程进行分析，结论表明，我国产业结构高度化发展，但不够合理，在通往新型工业化的道路上，经济结构调整和增长方式的转变仍然是我们亟须解决的重要问题；原毅军和谢荣辉（2014）选取了1999～2011年中国30个省份的相关面板数据，将环境规制分为正式环境规制和非正式环境规制，检验环境规制能否倒逼产业结构调整，研究表明，正式环境规制和非正式环境规制都能有效驱动产业结构调整，而外商直接投资和产业规模均不利于产业结构调整；张捷和赵秀娟（2015）运用投入—产出模型测算了广东省28个产业的经济关联与碳排放关联，并利用多目标规划模型设置不同情景，对广东省2012年的产业结构进行模拟分析，模拟结果表明，通过在综合权衡碳排放关联和经济关联的基础上采取差异化的产业结构调整政策，广东省可以实现经济增长和碳减排的"双赢"，而且产业结构调整力度越大，预期碳排放减少和GDP提高的幅度越大。

二、技术创新

技术创新，指生产技术的创新，包括开发新技术，或者将已有的技术进行应用创新，是经济增长的核心动力，我国应采用各种措施激发技术创新。

Hong 等（2016）利用 2001~2011 年我国 17 个高技术行业的面板数据，基于随机前沿模型，研究了政府资助对创新活动的影响，研究发现，将这些行业划分为 5 个子行业后，政府资助对不同的子行业有不同的影响，总体上对高技术行业的创新表现有负面影响，而私人研发对创新有显著正面影响，这意味着，政府不能盲目地资助高技术产业，对于那些政府资助有正面影响的子行业应该重点资助，同时，应该加强产权保护，激发私人研发的动力，进而促进创新；魏后凯（2004）采用 2002 年中国 30 个省份的数据，测算了各地区工业技术创新能力指数，并根据指数高低将我国各省分为工业技术创新能力较强、中等和较弱三种类型，整体上看，目前我国工业技术创新能力呈现出东高、中低、西中的格局；蒋殿春和夏良科（2005）运用面板数据模型分析了外商直接投资对国内高新技术行业企业技术创新能力的影响，分析认为，外商直接投资的竞争效应不利于国内企业创新能力成长，但会通过示范效应和科技人员的流动等促进国内企业的研发活动；韦影（2007）通过多元线性回归分析和结构方程模型分析，研究了我国企业社会资本如何影响技术创新，结果表明，企业社会资本的结构、关系和认知三个维度的水平通过提高吸收能力促进技术创新；徐毅和张二震（2008）利用投入—产出表数据研究了我国企业的外包行为，在我国，外包行为主要发生在外资企业，内资企业还不太会借助他国优势，同时，外包导致人力资源配置向有利于本土技术创新的方向发展，这对我国经济增长有利；张宗和和彭昌奇（2009）基于经过改进的格瑞里茨和杰菲的知识生产函数模型，实证分析了 2005~2007 年我国 30 个省份技术创新能力的影响因素，分析认为，研发配置和制度因素对技术创新的绩效有重要影响；徐康宁和冯伟（2010）通过构建简要模型并基于案例的分析，提出了基于本土市场规模效应的技术创新的第三条道路，通过合作的方式，在吸收国外先进技术的基础上，形成中国企业的创新能力，促进产业升级；白俊红和李婧（2011）应用 1998~2007 年中国大中型工业企业分行业面板数据，采用柯布—道格拉斯生产函数的随机前沿模型，实证考察了政府研发资助等因素对企业技术创新的影响，研究表明，政府研发资助对提升企业的技术创新效率有显著的正向影响，企业自身的研发投入有利于其吸收和利用政府的研发资助，但企业的规模和产权类型对政府研发资助效果的影响不显著；张丽华等（2011）使用超越对数生产函数—反要素需求函数分析框架，研究了集聚经济对于我国技术创新活动全要素生产率等的影响，结果表明，集聚经济对我国技术创新的全要素生产率有显著的正向作用；邓子基和杨志宏（2011）研究了财政政策和税收政策对技术创新不同阶段的影响，分析认为，技术创新和税收优惠在技术创新的研发、成果转化和产业化生产阶段都有一定的促进作用，但财政支持在研发和产业化生产阶段更为有效，所以，应根据两种政策效应在不同阶段的连续性和差异性，选择协调有效的政策组合；王华（2011）将知识产权因素引入内生增长模型，分析了知识产权保护对技术创新的影响，结果显示，知识产权保护总体上有利于一国技术创新，但是应该与该国的初始保护力度相适应，发达国家所适用的最优知识产权保护力度显著高于发展中国家，所以发达国家实施的"国际统一知识产权保护制度"不符合发展中国家的实际利益；林洲钰和林汉川（2012）从微观层面研究了我国各省社会资本水平对企业技术创新的影响，研究表明，社会资本水平显著促进技术创新水平；蒋伏心等（2013）基于2004~2011年江苏省28个制造行业面板数据，采用两步GMM法实证分析环境规制对技术创新的直接效应和间接效应，结果表明，环境规制对技术创新的影响呈现"U"形特征，外商直接投资、企业规模、人力资本水平和企业利润率对技术创新具有显著的促进作用，但是环境规制会通过抑制外商直接投资技术溢出效应和大企业的规模效应对技术创新产生间接的负面效应；鲁桐和党印（2014）以2006~2010年1344家沪深A、B股公司为样本，采用聚类分析的方法，按要素密集度将样本公司划分为劳动密集型、资本密集型和技术密集型三个行业，考察不同行业公司治理对技术创新的影响，从微观层面为中国产业升级和经济转型提供一些政策参考；唐未兵等（2014）利用我国1996~2011年28个省份数据，基于动态面板广义矩估计发现，在短期内技术创新与经济增长集约化水平负相关，外资技术溢出和模仿效应有利于经济增长集约化水平的提升；韩先锋等（2014）构建了一个关于信息化与技术创新的分析框架，基于2005~2011年中国工业部门分行业面板数据，利用超越对数随机前沿技术，实证分析了信息化对技术创新效率的影响，研究发现，信息化与技术创新效率之间呈现显著的倒"U"形关系，当前的信息化水平依然低于理论上的最佳水平，继续加强信息化建设有助于提升其对技术创新效率的促进效应；鲁桐和党印（2015）利用194个国家1996~2010年的数据，研究投资者保护环境和行政环境对一国技术创新活动的影响，研究发现，良好的投资者环境和行政环境能够提高投资者研发的动力，降低科研创新的交易成本，是解释国家间技术创新差异的重要制度因素。

第三节　全要素生产率及其测算

随着资源消耗、环境污染加重以及经济增长放缓，人们在经济增长方面关注的领域发生转变，全要素生产率逐渐走进学者的视野。关于全要素生产率的测算方法，早期的研究主要采用索洛增长核算方法，近年来，随着对地区差异的关注和各地区时间序列数据的整理，基于面板数据的前沿技术分析成为重要的分析工具，前沿技术分析主要分为随机前沿分析和数据包络分析。不同方法对全要素生产率的测算和分解结果存在巨大差异，给经济增长核算、增长质量判断带来疑惑，到底哪种方法更适用？众多研究给出了各自的观点。

索洛余值法认为，全要素生产率是在各种要素投入水平既定的条件下，所达到的额外生产效率，在生产函数中表现为一个残差。

Solow（1957）第一次提出了增长核算方程，利用生产函数将经济增长分解为劳动、资本的增长和技术的进步，其中，索洛残差反映的是技术变动，也就是全要素生产率的变动情况。Borensztein和Ostry（1996）利用增长核算方程研究了劳动、资本以及全要素生产率等对经济增长的影响。Chow和Lin（2002）利用增长核算方程测算并比较了中国台湾和中国大陆在1951~1999年的要素投入和全要素生产率对经济增长的贡献。Wang和Yao（2003）考虑了人力资本积累后，分析了中国1952~1999年的增长核算方程，测算了各种要素投入和全要素生产率对经济增长的贡献。Zheng等（2008）利用增长核算方程求得全要素生产率并分析认为，中国需要调整改革方案以促进全要素生产率的持续增长，避免改革措施导致的对全要素生产率的一次性的水平效应。彭国华（2005）利用索洛分解方法测算了1982~2002年中国省份全要素生产率，进行了全要素生产率的收敛检验，并与收入的收敛模式做了对比分析。张小蒂和李晓钟（2005）利用索洛增长核算方程测算了1978~2003年全国及长三角地区的全要素生产率及其增长情况。傅晓霞和吴利学（2006）根据索洛余值核算分析了要素投入和全要素生产率对改革开放以来中国地区经济发展差异的影响。蔡昉（2013）用索洛余值衡量全要素生产率，指出随着劳动力短缺和工资持续提高，资本报酬率开始递减，靠政府主导型投资带动经济增长已不具有可持续性，中国需要通过政策调整优化资源配置，进行技术和体制创新，实现经济增长向全要素生产率支撑型模式转变。

数据包络分析是基于线性规划的非参数方法，具有不需要价格信息、无须对生产函数做假定、无须假设无效率的概率分布等优点，已被广泛应用于效率和全要素生产率的测算。在利用数据包络分析测度全要素生产率时主要有两种方法：曼奎斯特指数法和卢恩伯格指数法。

曼奎斯特指数可以衡量全要素生产率，并将其分解为技术进步、效率变化等因素。Färe等（1994）利用非参数线性规划方法求解曼奎斯特指数，用以衡量全要素生产率，并将其分解为技术变化和效率变化两部分，然后分析了17个经济合作与发展组织成员在1979~1988年的全要素生产率情况。Zaim和Taskin（1997）利用曼奎斯特指数衡量全要素生产率，并比较了土耳其制造业的公共部门和私人部门的全要素生产率。Chang等（2009）利用DEA测算了曼奎斯特指数，将其分解为技术进步和效率变化，并分析了美国最大的62个公共会计师事务所在《萨班斯法案》（于2002年执行）执行前后两段时间2000~2001年和2003~2004年的全要素生产率，以此回应那些批判《萨班斯法案》的观点。Sueyoshi和Goto（2015）将曼奎斯特指数同自由处置和管理处置结合起来，分别分析了自由处置和管理处置下的曼奎斯特指数及其分解，并将其应用于2005~2009年石油行业的研究。颜鹏飞和王兵（2004）运用数据包络分析方法测度了1978~2001年中国30个省份的技术效率、技术进步及曼奎斯特指数，并且对人力资本和制度因素同技术效率、技术进步和生产率增长的关系进行了实证检验。郭庆旺等（2005）利用曼奎斯特指数法分析了中国各省份1979～2003年的全要素生产率。郑京海和胡鞍钢（2005）用曼奎斯特指数衡量全要素生产率，并将其分解为技术效率变化和技术进步，从技术效率变化和技术进步这两个不同方面考察中国改革开放以来全要素生产率的增长情况。岳书敬和刘朝明（2006）采用曼奎斯特指数分析了我国30个省级行政区1996～2003年的全要素生产率增长，并将其分解为技术进步指数和效率变化指数。王兵和颜鹏飞（2007）以曼奎斯特指数衡量全要素生产率，运用当期DEA和序列DEA两种方法测度了1960～2004年亚洲太平洋经济合作组织17个国家和地区的全要素生产率。宫俊涛等（2008）利用曼奎斯特指数考察了1987～2005年中国28个省（区、市）制造业全要素生产率的增长来源、差异及变化趋势。袁晓玲和张宝山（2009）运用曼奎斯特指数测算了1999～2006年中国15家商业银行的全要素生产率，并对其影响因素进行研究。蔡跃洲与郭梅军（2009）以11家主要上市商业银行2004～2008年的投入—产出数据和基于DEA的曼奎斯特指数法，对上市商业银行的全要素生产率进行测算和分解。许海平与王岳龙（2010）利用曼奎斯特指数衡量全要素生产率，研究了我国29个省、区1991～2008年城乡收入差距与全要素生产率之间的关系。陶长琪和齐亚伟（2010）结合TOPSIS理想解思想和曼奎斯特指数法，测算了中国1987～2007年28个省、区的全要素生产率的变动趋势和空间差异，并从技术改进、自主研发的角度对全要素生产率空间差异的成因进行分析。陈丰龙与徐康宁（2012）利用曼奎斯特指数衡量全要素生产率，基于2001～2010年中国制造业分行业数据，实证分析了本土市场规模与全要素生产率之间的关系。

但是，曼奎斯特指数法没有考虑"坏"产出，如果存在"坏"产出，这种依靠传统距离函数的曼奎斯特指数法就不能准确衡量全要素生产率。Chung等（1997）在测度瑞典纸浆厂的全要素生产率时，引入一种新函数——方向性距离函数，并在此基础上提出了曼奎斯特—卢恩伯格生产率指标，这个指标可以测度存在"坏"产出时的全要素生产率，同时考虑了"好"产出的增加和"坏"产出的减少，而且具有曼奎斯特指数所有的良好性质。

Färe等（2001）提出了考虑"坏"产出的卢恩伯格指数，测算了美国制造业1974～1986年的卢恩伯格指数，并同没有考虑"坏"产出的传统的曼奎斯特指数做比较。Kumar（2006）利用方向距离函数得到考虑"坏"产出的卢恩伯格指数，测算了41个国家在1971~1992年的卢恩伯格指数，并将其与传统的不考虑"坏"产出的曼奎斯特指数做比较。Chen和Golley（2014）考虑了中国工业生产中的污染物排放，将排放的二氧化碳作为"坏"产出，基于方向距离函数和曼奎斯特—卢恩伯格指数，测算了1980~2010年我国总体以及38个工业行业的绿色全要素生产率指标，并对其决定因素进行分析。Wang和Feng（2015）利用SBM和卢恩伯格指数分析我国30个省份2003~2011年的无效率和全要素生产率增长的来源。王兵等（2008）运用卢恩伯格指数法测算了1980~2004年亚洲太平洋经济合作组织17个国家和地区的包含二氧化碳排放的全要素生产率增长及其成分。孙传旺等（2010）基于2000~2007年中国29个省（区、市）的投入—产出数据，利用卢恩伯格指数测算了碳强度约束下的全要素生产率，并对其收敛性进行研究。王兵等（2010）基于SBM方向性距离函数和卢恩伯格指数测度了考虑环境因素下的中国30个省份1998~2007年的环境效率、环境全要素生产率及其成分，并对影响环境效率和环境全要素生产率增长的因素进行了实证研究。王兵和朱宁（2011）基于SBM方向性距离函数和卢恩伯格指数测算了2003~2009年中国11家上市商业银行不良贷款约束下的效率和全要素生产率增长，并对影响效率和全要素生产率的宏观因素进行实证分析。王兵和朱宁（2011）运用共同边界卢恩伯格指数测算了2004~2009年中国27家商业银行在不良贷款约束下的全要素生产率增长及其成分，并对影响全要素生产率增长的宏观经济因素进行了实证分析。李小胜和安庆贤（2012）基于1998~2010年中国工业36个两位码行业投入—产出数据，利用方向性距离函数和卢恩伯格指数法研究了环境管制成本和环境全要素生产率。李玲和陶锋（2012）用卢恩伯格指数衡量全要素生产率，在测算了1999~2009年我国重度污染产业、中度污染产业和轻度污染产业共28个制造业部门环境规制强度和绿色全要素生产率的基础上，对环境规制与绿色全要素生产率的关系进行检验，以寻找不同产业最优环境规制强度的拐点。柯孔林和冯宗宪（2013）利用全域曼奎斯特—卢恩伯格指数估算了不良贷款约束下中国商业银行2001~2010年的全要素生产率增长及其分解，并对其收敛性进行检验。

数据包络分析的缺点是忽略了随机因素对生产行为的影响。

随机前沿分析由 Aigner 等（1977）、Meeusen 和 Broeck（1977）最早提出，它考虑了随机因素的影响，采用计量方法估计生产函数前沿，确定生产者技术与前沿技术的距离。后来被很多学者应用发展。

Managi 等（2006）利用随机前沿技术分析了 1976~1995 年墨西哥湾区域层面的海洋石油和天然气行业的全要素生产率增长。Helvoigt 和 Adams（2009）利用随机前沿分析测算了 1968~2002 年美国太平洋西北部的锯木行业的技术效率和全要素生产率。涂正革和肖耿（2005）基于随机前沿生产模型和中国大中型工业企业 1995~2002 年的年度企业数据，研究了 37 个两位数工业行业的全要素生产率增长趋势，并将生产率增长分解为前沿技术进步、相对前沿技术效率的变化、配置效率以及规模经济性四大因素。赵伟和马瑞永（2005）基于随机前沿模型，探讨了我国 1978~2002 年经济增长收敛的微观因素以及与其相对应的微观机制，并从微观机制的角度对中国地区经济增长的收敛性进行实证分析。王志刚等（2006）基于 1978~2003 年各省数据，利用超越对数生产函数的随机前沿模型，对改革开放以来中国地区间生产效率和全要素生产率演进进行了研究。傅晓霞和吴利学（2006）根据 1978~2004 年我国 28 个地区的样本数据，利用一个基于随机前沿生产函数的地区增长差异分析框架，测算了各因素在中国地区劳均产出差距中的贡献，并探讨了全要素生产率对地区经济增长收敛的影响。刘秉镰等（2010）利用随机前沿分析方法，测算了 1997~2007 年我国各省的全要素生产率，并研究了中国的交通基础设施与全要素生产率增长之间的关系。张健华和王鹏（2012）基于我国 1978~2010 年分省份数据，利用随机前沿模型对我国的全要素生产率进行再估算。

随机前沿分析是以回归分析为基础的参数方法，能够考虑环境变化和随机因素对生产行为的影响，但要对生产函数和随机项的概率分布进行设定。虽然索洛余值法也有约束条件多的不足，但仍然是被广泛应用的全要素生产率核算方法，本书使用索洛余值法测算全要素生产率。

第四节 全要素生产率的影响因素

作为经济增长重要来源之一的全要素生产率有哪些影响因素呢？大量文献对此加以研究。

徐盈之和赵豫（2007）使用曼奎斯特指数测算了 1996～2005 年我国各地区信息制造业的全要素生产率，并分析其影响因素。结果显示，技术进步是全要素生产率增长的主要动力，人力资本、工业化、国有企业与外资企业比重对全要素生产率有显著促进作用，而企业的平均规模、聚集效应对全要素生产率有负向影响。

张宇（2007）基于我国改革开放以来的数据，利用数据包络分析测算了我国的全要素生产率，并通过协整与误差校对模型讨论了外商直接投资对我国全要素生产率的影响。分析认为，外商直接投资短期内对全要素生产率没有显著影响，长期内可以显著提高全要素生产率，即外商直接投资对全要素生产率的影响具有滞后性。这种滞后性不难解释，一方面，国内部门需要一定的时间学习和效仿外资的技术和经验，以使外商直接投资的技术溢出效应能够充分发挥；另一方面，国内部门为适应跨国公司的不断进入，需要一定的时间对生产营销策略做出相应调整。

袁晓玲和张宝山（2009）基于非参数 DEA 模型的曼奎斯特指数，测算了 1999～2006 年我国 15 家商业银行的全要素生产率，并在微观和宏观两个层面分析其影响因素。在微观层面，资本市场份额对我国商业银行的全要素生产率提升有显著影响；自有资本率、贷款质量、银行配置对我国商业银行全要素生产率的影响不太明显；资产费用率与我国商业银行的全要素生产率显著负相关；创新能力对商业银行全要素生产率的影响显著但影响很小；产权结构多元化显著促进了银行全要素生产率提高。在宏观层面，GDP 增长率、全社会固定资产投资增长率对银行全要素生产率提升具有积极显著的影响，CPI 与商业银行全要素生产率呈负向关系。

王兵和王丽（2010）利用卢恩伯格生产率指标测量环境约束下我国1998～2007年29个省市的工业全要素生产率，并对其影响因素进行实证分析。分析认为，前一期的全要素生产率对工业全要素生产率影响显著为正；反映地区发展水平的人均外商直接投资对全要素生产率有显著的正向影响；外商直接投资对全要素生产率的影响为负，但是不显著；反映要素禀赋结构的资本劳动比对全要素生产率影响为正，但是不显著；由于工业化带来了污染，所以反映产业结构的工业化指标对全要素生产率有显著的负向影响；能源结构对工业全要素生产率也有显著的负面影响，我国应不断改善以煤炭为主的能源结构；人口密度对工业全要素生产率的影响显著为正。

刘秉镰等（2010）研究了交通基础设施水平对全要素生产率的影响。研究认为，交通基础设施对全要素生产率增长存在着显著的正向影响，为了实现区域经济的协调发展，政府应该对中西部落后地区有所倾斜，担当起交通基础设施建设资金提供的重要任务。

袁志刚和解栋栋（2011）研究了改革开放以来，劳动力错配即中国农业部门就业比重过高对全要素生产率的影响，研究发现，劳动力错配对全要素生产率的负向影响在2%～18%，而且这种负向影响有着波动并逐渐扩大的趋势。

曹泽等（2011）利用我国各省份1997～2008年的数据，将研发投入分为来自政府的投入与来自企业的投入，将区域技术成交额作为区域间研发溢出的测度，分析了研发投入及其溢出对全要素生产率的贡献。结果显示，企业的研发投入对全要素生产率的改善作用最大，区域间研发溢出次之，政府的研发投入对全要素生产率的影响则为负值。

孙晓华和王昀（2014）利用中国企业微观数据，分析了企业规模对全要素生产率的影响，然后测算企业规模对生产率差异的贡献程度。分析认为，企业规模与生产率之间呈现倒"U"形关系，但是绝大多数工业企业位于转折点的左侧，即企业规模扩大有利于生产率提高。更进一步研究发现，企业规模对全要素生产率差异的贡献度超过90%，是导致工业企业全要素生产率水平失衡的主要原因。

李小胜（2014）基于我国30个省份1997～2011年经济增长和污染排放数

据，利用数据包络分析方法测算了各省的环境全要素生产率，并对其影响因素加以分析，分析表明，人均收入对环境全要素生产率符号为正，人均收入的平方项对环境全要素生产率符号为负，即环境全要素生产率的库兹涅茨曲线存在；对外开放水平对环境全要素生产率有负向影响；技术水平对环境全要素生产率有正向影响。

韩超和胡浩然（2015）将环境规制对全要素生产率的影响分解为累积学习效应与挤出效应，分析了清洁生产标准规制是如何动态影响全要素生产率的。研究表明，清洁生产标准规制给产业施加的挤出效应具有一次性特征，累计学习效应呈现严格递增的"J"形特征，最终在规制实施3年左右超出挤出效应。

高帆（2015）利用曼奎斯特指数测算了1992~2012年我国31个省份的农业全要素生产率，并分析其影响因素。分析发现，技术进步是我国全要素生产率增长的主要因素；人力资本含量影响农业的技术创新和技术引入，进而成为影响农业全要素生产率的关键因素；灌溉面积占比增大，使土地质量改善，全要素生产率提高；工资性收入占比提高意味着劳动力非农化流转优化了农业资源配置，提高全要素生产率；农业财政支出占比提高意味着农业公共产品供给改善了农业生产；农业总产值占比和粮食播种面积占比则抑制了农业全要素生产率的增长。

陈超凡（2016）利用曼奎斯特—卢恩伯格生产率指标测算了资源环境约束下的工业绿色全要素生产率，并研究工业绿色全要素生产率的影响因素。研究表明，企业规模大小对中国工业绿色全要素生产率的影响不显著，这是因为，企业规模越大就越有实力投入绿色生产技术的研发，但往往消耗的资源和排放的污染也越多；一方面，资本劳动比的提高使经济结构逐步由劳动密集型向资本密集型转换，资本密集型企业的技术水平往往较高，所以这有利于全要素生产率提高；另一方面，我国资本劳动比的提高主要依靠粗放的工业规模扩张来实现，工业重型化导致环境恶化，综合起来，资本劳动比的提高对工业绿色全要素生产率的整体影响是显著为负的；随着国有企业改革进程深入，国有企业被逐步激活，一方面，凭借规模经济促进生产；另一方面，利用其技术革新成本低、空间大的优势，增强创新研发和污染治理的力度，最终促进了全要素生产率的提升；环境规制目前尚未将创新效应充分发挥出来，还未越过"波特拐点"；能源结构对全要素生产率的影响显著为负，改善以煤炭为主的能源结构十分必要；技术水平毫无疑问对工业绿色全要素生产率有显著为正的影响；外商直接投资虽然能够通过溢出效应提高东道国技术水平，改善东道国环境，但是目前我国引资质量差，外资溢出效应不明显，尚未发挥正向影响，所以，外商投资与工业绿色全要素生产率正相关，但不显著。

周永文（2016）研究了广东省全要素生产率的影响因素。研究发现，广东省全要素生产率提高的主要来源是技术进步，环境规制显著促进了广东省全要素生产率的提高且主要表现在环境技术效率的改善上。另外，经济发展水平、产业结构、资源禀赋结构、地方财政支出能力、经济开放度、外资利用强度、科技投入强度、人力资本、人口密度等也是全要素生产率的影响因素。经济发展水平方面，随着经济发展水平的提高，在规模效应、结构效应和技术效应的交替影响下，经济发展水平与传统全要素生产率、绿色全要素生产率的关系都呈现"U"形特征；产业结构方面，全要素生产率的增长与劳动力在三次产业部门之间的转移有关，产业结构中服务业的发展促进了全要素生产率的提高；资源禀赋结构方面，资源密集型产业主要是高耗能、高污染的企业，劳动密集型产业主要是低耗能、低污染的企业，在我国，过早的资本深化不利于全要素生产率的提高；地方财政支出能力方面，地方财政支出对全要素生产率的提高有促进效应，地方政府的财政支出可分为基础建设支出、科技教育支出、农业财政支出、社会民生保障支出以及行政管理支出等方面，其中，基础建设支出、科技教育支出等对全要素生产率有正向影响，而行政管理支出过高不利于全要素生产率提高，总的来说，财政支出的正向影响超过负向影响，整体对全要素生产率有正向影响；经济开放度对广东传统全要素生产率的提升有显著正向影响，对绿色全要素生产率的影响不显著；外资利用强度方面，外商直接投资通过技术溢出效应显著促进了广东省传统全要素生产率与绿色全要素生产率的提升；科技投入强度方面，科技投入对全要素生产率的影响不显著，这主要是因为，一方面，研发投入结构不合理或者使用效率低下；另一方面，研发产生经济影响具有一定滞后性；人力资本对传统全要素生产率和绿色全要素生产率都有显著的促进作用；人口密度方面，人口密度对传统全要素生产率有显著正向影响，对绿色全要素生产率影响不定，这是因为,一方面,人口密度的增大保证了劳动力的充分供给,且使得基础设施等成本降低;另一方面,人口密度过大也会带来资源过度开采、环境污染、社会管理效率低下等负面影响。

第五节 全要素生产率被政府提上日程

虽然关于全要素生产率的研究已有很多,但被高度重视甚至被政府提上日程还是首次。2015年,全要素生产率首次写入中央《政府工作报告》。李克强提出:要增加研发投入,提高全要素生产率,加强质量、标准和品牌建设,促进服务业和战略性新兴产业比重提高、水平提升,优化经济发展空间格局,加快培育新的增长点和增长极,实现在发展中升级、在升级中发展。

在2016年《政府工作报告》中,李克强指出:做好"十三五"时期经济社会发展工作,实现全面建成小康社会目标,在适度扩大总需求的同时,突出抓好供给侧结构性改革,既做减法,又做加法,减少无效和低端供给,扩大有效和中高端供给,增加公共产品和公共服务供给,使供给和需求协同促进经济发展,提高全要素生产率,不断解放和发展社会生产力。

在2016年广东省政府工作报告中,前任省长朱小丹两次提到了全要素生产率。针对"十三五"时期的奋斗目标和主要任务,朱小丹指出,在有效扩大内需的同时,以攻坚姿态推进供给侧结构性改革,着力提高全要素生产率和中高端产品、技术比重,扩大高质量、高水平有效供给,形成需求侧与供给侧相互平衡、消费投资出口协调拉动的经济增长新局面,为率先全面建成小康社会提供强大经济支撑。针对2016年的工作,他指出,通过技术改造等激活存量资产,修复现有产业和企业发展动力,提高全要素生产率。

可见,提高全要素生产率已经被政府提上日程,同样被提上日程的还有质量创新管理。

第六节 质量创新管理

随着全球经济一体化的不断发展,世界正在成为一个大的市场,国家之间的竞争不断加剧,质量对维系企业生存与国家发展的重要性日益成为各国关注的焦点,质量已成为维系生存与发展不可或缺的战略武器（Ahire 等, 1996）, 企业通过提供满足顾客需要的高质量产品来获取竞争优势（Deming, 1993; Kuei、Madu, 1995）。世界著名质量管理大师朱兰博士在美国质量管理学年会上曾预言：21 世纪将是"质量的世纪"。

21 世纪,买方市场环境凸显,国际竞争日趋激烈,竞争的焦点和有力武器是质量；随着生活水平的提高,人们更加追求高质量、高附加值、更加私有化的产品和服务,而且对质量的要求更加全面,还包括环境保护、资源利用、安全卫生等方面。这是各国面临的质量挑战。

为了应对这种挑战,在日趋激烈的国际竞争中求得生存,美国、德国、日本、韩国等国家都把提高质量上升到一种国家战略,采取多种质量政策。目前有 88 个国家和地区设立了国家质量奖,以监督激励质量提升；每年定期组织的国际性质量大会有 13 个,涉及 80 多个国家和地区；各国纷纷提出标准化战略,例如,美国实施"再工业化"战略,德国实施"工业 4.0"战略,日本建立标准化高层协调机制,韩国成立国家标准理事会等。世界范围内的竞争已表现为质量的竞争,只有加强质量管理,提高质量,才能节约资源,保护环境,以较少的投入获得较多的产出,才能在国际竞争中取得优势。

作为发展中国家之一的我国,人口众多,资源丰富,但技术落后,自从 1978 年改革开放以来,也加入了世界经济的大潮,参与了国际分工,像很多技术落后的发展中国家一样,在国际产业链中,我国地位较低,主要从事技术含量低、资源消耗多、环境污染重、附加值低、对外国依附性强的资源劳动密集型加工制造业,是典型的世界"加工厂",虽然经济增长速度快,但质量差、效率低、可持续性欠缺。

究其原因，主要是我国质量管理方面存在以下两个问题：

（1）质量管理意识不强。在国际分工中，由于技术落后，我国始终处于产业链的低端，凭借资源成本低的比较优势从事高耗能、高污染、低技术含量、低附加值的资源密集型加工业。我们已经习惯了这种比较优势，缺乏长远发展的经营理念和战略，所以，企业对质量的投入不够、产品标准不高、技术装备陈旧、工艺水平落后、创新能力不足、检测手段欠缺等问题在我国一直存在，这也导致我国许多产品档次偏低，大路产品多，品牌产品少，粗加工产品多，深加工产品少，资源密集型产品多，技术密集型产品少。在质量至上的国际市场中我国尚缺乏应对国际竞争的质量管理意识。

（2）质量管理体系和方法的知识储备欠缺、应用水平低。日本、德国等很多国家早已将质量管理上升为国家发展战略，建立了完备的质量管理体系，使用了质量功能展开、水平对比、六西格玛管理、过程方法等先进的质量管理方法，制造业遥遥领先，而我国对这些方法了解都不够深入，更不用说应用了，即使是5S活动、TPM管理等相对传统的质量管理方法都不能够灵活自如地运用。

针对目前我国经济发展中存在的问题，《中共中央关于制定国民经济和社会发展第十三个五年规划的建议》（以下简称《建议》）中明确提出，"以提高发展质量和效益为核心"，习近平总书记在关于《建议》的说明中也提出，"速度规模型转向质量效率型"。质量创新管理俨然已经成为我国转变经济发展模式、提高发展质量和效率的必经之路。

目前已有一些文献对质量管理加以研究。O'Connor等（2016）认为，质量问题与两个方面息息相关，其一是制造技术和设备的升级问题，其二是有效的质量管理体系。王海燕和赵培标（2005）从现代合约理论出发，进行质量创新理论的探析，并研究发现，绝对质量价值管理、相对质量价值管理和证券化质量价值管理都是基于合约化质量理念下的质量创新的新模式，是在不同的竞争环境、不同的发展时期、具有不同质量风险特征的企业的不同选择而已，从质量风险收益来看，证券化质量价值管理代表着质量创新模式的发展方向。李钊等（2008）使用陕西省制造业和服务业企业的调研数据,验证了相关假设。发现质量管理实践并不会直接改善企业绩效,而是通过质量绩效和创新绩效间接地正面影响企业绩效;同时,行业竞争程度的变化会影响质量绩效、创新绩效与企业绩效之间的关系。李军锋等(2010)以重庆市制造企业为样本,运用基于 Bootstrap 的结构方程方法,对质量管理在先进制造技术与企业绩效间的中介作用进行了实证检验。中介效应的三步检验结果表明:先进制造技术对企业绩效的直接作用并不显著;先进制造技术对质量管理、质量管理对企业绩效均有显著的直接影响,质量管理活动在先进制造技术和企业绩效的关系中起到了完全的中介作用。中介效应的进一步分析显示,先进制造技术通过对质量管理核心活动与基础活动的递进作用,最终经由员工管理和流程管理活动间接改善了企业的绩效水平。刘伟丽和陈勇(2012)基于 2000~2008 年中国海关产品数据,利用产品单位价值、市场份额、人均 GDP 等指标衡量最终产品和中间产品的质量,分析我国的产业质量阶梯,并与美国的产业质量阶梯进行比较研究。研究发现,不同国家目前具有优势的产业和未来具有优势的产业是不同的,短期内,我国应该积极发展质量阶梯较短的产业,可以扩大在世界的市场份额,长期内,我国应该积极发展质量阶梯较长的产业,实现产业的质量升级,进而促进经济发展。施炳展(2013)利用 2000~2006 年我国海关微观细分数据,系统分析了我国企业出口产品质量,分析表明,我国企业出口产品质量整体呈现上升趋势,其中,本土企业出口质量下降,外资企业出口质量上升,进而内外资企业出口产品质量差距扩大。从出口企业的动态结构调整方面来看,在位企业质量升级进而提升了产品质量,新进入的低质量企业会降低产品质量,退出的低质量企业则提高了产品质量。内资企业在位企业和退出企业的质量提升效应小于新进入企业的质量降低效应,所以内资企业的质量水平降低;外资企业在位企业和退出企业的质量提升效应大于新进入企业的质量降低效应,所以外资企业质量水平提高。由此可见,本土企业质量下降,并不是企业自身质量下降,而是来自结构变化,加入世界贸易组织后,面对来自国际市场的激烈竞争,我国本土企业技术水平相对较低,便开始发挥自身资源成本较低的优势,生产低成本、低质量的产品,依靠价格竞争力在国际市场上占有一席之地,而外资企业则主要靠质量竞争力保持市场占有率。这也说明了我国打破这种比较优势、提高本土企业质量水平的迫切性。

由现有的关于全要素生产率的研究可知，技术创新是推动全要素生产率的重要力量，那么，同样作为创新之一的质量创新，对全要素生产率有影响吗？有何影响？影响机制是什么？鲜有文献做此研究，而本书填补了这个空白。

第四章 广东省制造业全要素生产率测算

第一节 广东省制造业发展概况

1978年改革开放以来,中国的经济发展取得了令人瞩目的成就。广东省作为我国的经济强省,受惠于一系列先行的经济政策和毗邻港澳及沿海的独特的地理位置,2015年全省实现地区GDP 72812.55亿元,比2014年增长8.0%,经济总量居全国第一,全省经济综合实力迈上新台阶。从区域上看,珠江三角洲地区GDP占全省比重为79.2%,粤东西北地区占20.8%,粤东、粤西、粤北分别占6.9%、7.7%和6.2%[①]。从产业上看,第二产业增加值32511.49亿元,增长6.8%,对GDP增长的贡献率为41.2%。第二产业主要是以工业中的制造业为主,因此制造业已成为广东省重要的主导产业,广东省已成为我国制造业大省和全球重要的制造业基地。根据广东省企业联合会和广东省企业家协会发布的2016年广东省企业500强排行榜数据显示,制造业企业占比达52.4%,尤其是居于榜

---

① 珠江三角洲地区指广州、深圳、珠海、佛山、惠州、东莞、中山、江门和肇庆。东翼指汕头、汕尾、潮州和揭阳四个市。西翼指阳江、湛江和茂名三个市。山区指韶关、河源、梅州、清远和云浮五个市。

首的华为技术有限公司领跑了广东省制造企业的发展，稳固了制造业在广东省工业经济发展中的基础地位。

以制造业为主体的工业部门是国民经济的支柱产业，是实体经济的重要组成部分。自1978年以来，广东省工业经济得到了快速的发展。从表4-1可发现，总体而言，工业总产值由1978年的168.91亿元增长到2014年的119713.04亿元，每年平均增长高达约20%。固定资产投资由1978年的111.42亿元增长到2014年的43635.95亿元，每年平均增长高达约18.04%。主营业务收入由1979年的170.09亿元增长到2014年的115451.13亿元，年均增长高达20.48%。利税总额由1978年的32.91亿元增长到2014年的11663.66亿元，每年平均增长高达约17.71%。从业人员年平均人数由1978年的170.51万人增长到2014年的1455.78万人，每年平均增长约6.14%。全员劳动生产率由1978年的9906元/人增长到2014年的193638元/人，每年平均增长约8.61%。这些数据显示，广东省工业企业效益总体呈现趋稳向好态势，稳中有升，尤其是2000年以来，工业总产值增长更加快速。为了促进广东省工业转型升级发展，《广东省工业转型升级攻坚战三年行动计划（2015~2017年）》中指出主动适应经济发展新常态，以工业转型升级提质增效为主战场大力实施创新驱动发展战略，以新一轮技术改造为主抓手改造提升现有产业，以珠江西岸先进装备制造产业带、珠江东岸电子信息产业带和粤东西北产业园区为重点培育新的经济增长极，推动制造业智能化，推进工业绿色发展，充分发挥工业在促进经济增长、结构优化和动力转换中的主力军作用，以工业转型升级推动广东经济转型升级。

表4-1 规模以上工业企业主要经济指标

年份\指标	工业总产值（亿元）	固定资产（亿元）	主营业务收入（亿元）	利税总额（亿元）	从业人员（万人）	劳动生产率（元/人）
1978	168.91	111.42	—	32.91	170.51	9906
1979	181.96	129.09	170.09	34.48	171.76	10594
1980	198.83	136.59	189.97	38.51	182.39	10902
1981	226.26	152.58	215.09	42.12	189.08	11966

续表

年份 指标	工业总产值（亿元）	固定资产（亿元）	主营业务收入（亿元）	利税总额（亿元）	从业人员（万人）	劳动生产率（元/人）
1982	245.54	172.00	231.20	44.62	194.33	12635
1983	275.25	226.58	226.91	48.59	197.50	13937
1984	336.45	221.46	313.33	56.83	241.42	13937
1985	438.91	269.13	412.77	75.99	298.66	14696
1986	522.35	335.19	498.80	80.90	323.16	16164
1987	711.04	433.95	692.47	102.24	353.95	20089
1988	1056.47	540.37	1016.20	140.65	382.19	27643
1989	1321.33	700.66	1222.20	138.71	387.90	34064
1990	1379.98	843.88	1287.91	121.50	390.28	35359
1991	2018.62	1339.04	1875.02	188.08	433.18	46600
1992	2696.47	1485.36	2537.84	248.78	450.99	59790
1993	4085.35	2099.09	3920.98	397.40	478.39	85379
1994	5325.35	3309.63	4826.68	478.41	537.57	99063
1995	6325.19	4298.15	6195.84	445.53	537.83	117606
1996	7308.51	5066.23	6808.08	489.26	529.13	36094
1997	8201.71	5904.95	7767.79	617.90	522.94	40040
1998	9738.56	6968.36	9243.42	622.82	548.59	44553
1999	10538.17	7399.10	10208.99	778.94	537.77	50307
2000	12480.93	8005.77	12380.65	1042.77	572.89	58836
2001	14035.35	8655.82	13891.46	1139.98	578.94	67012
2002	16378.60	9550.47	16247.73	1380.24	644.39	58940
2003	21513.46	10768.77	21566.93	1850.90	741.17	77150
2004	29554.92	12713.34	28998.45	2329.79	996.44	74661
2005	35942.74	14453.16	34781.58	2877.81	1085.65	86735
2006	44674.75	17824.33	43550.87	3907.10	1203.58	97882
2007	55252.86	19763.42	53927.94	5105.93	1307.40	107880
2008	65424.61	24529.17	63371.65	6136.69	1493.38	117940
2009	68275.77	26293.23	66117.81	6793.59	1436.02	126984
2010	85824.64	33489.49	84114.85	9418.42	1568.00	129709
2011	94871.68	33244.26	92996.88	9608.33	1463.86	147987

续表

指标 年份	工业总产值 （亿元）	固定资产 （亿元）	主营业务收入（亿元）	利税总额 （亿元）	从业人员 （万人）	劳动生产率 （元/人）
2012	95602.09	35983.70	93821.74	9383.63	1452.16	156463
2013	109673.07	39339.68	106361.21	11008.36	1455.81	182303
2014	119713.04	43635.95	115451.13	11663.66	1455.78	193638
年均增长	20.00%	18.04%	20.48%	17.71%	6.14%	8.61%

资料来源：笔者根据《广东统计年鉴》整理计算而得。

当然，由于广东省各个经济区域的经济基础和发展条件不同，各区域的工业经济发展程度差异也不小。从表4-2和表4-3可以看出，2000~2014年，广东省各地级市的规模以上工业增加值都呈现出快速增长的趋势，而规模以上工业企业单位数则保持较为平稳的低速增长。从整体来看，全省规模以上工业增加值从2000年的3214.5亿元增长到2014年的28188.7亿元，2014年相比2000年增长776.9%，每年平均保持着比较高的增长率（16.78%）。规模以上工业企业单位数从2000年的19695个上升到2014年的41154个，2014年相比2000年增长108.96%，每年平均保持着较为平稳的增长率5.4%。根据第三次经济普查结果显示，2013年末广东省制造业企业法人单位数有30.09万个，占工业企业法人单位数的96.5%；在工业企业法人单位从业人员中，制造业占97.8%，计算机通信和其他电子设备制造业、电气机械和器材制造业、纺织服装服饰业从业人员数居前三位，这些数据充分表明，广东省的工业发展主要依赖于制造业的发展。具体到各个经济发展区域或地区，从总量上看，珠江三角洲的工业增加值一直处于遥遥领先的位置，其中以深圳、广州和佛山为前三，从2000年的2723.7亿元增长至2014年的22583.3亿元，接着是东翼、西翼和粤北山区。对于工业企业单位数，珠江三角洲地区从2000年的15322个增长到31212个，其中以深圳、佛山和东莞为前三，2014年约占全省的76%。从增长量和速度上看，对于工业增加值，相比2000年，2014年珠江三角洲、东翼、西翼和粤北山区分别增长729.1%、1302.8%、852.1%和1020.8%，每年平均分别增长16.31%、20.76%、17.46%和18.84%。东翼和粤北山区的工业增加值的增长率相比其他两个区域较高,其中,河源、汕尾、阳江、肇庆、清远、潮州、揭阳的年均增长率均高于20%。对于工业企业单位数,相比2000年,2014年珠江三角洲、东翼、西翼和粤北山区分别增长103.71%、193.35%、90.74%和83.54%,仅有东翼的增长幅度高于全省的平均水平,这四个区域每年平均分别增长5.21%、7.99%、4.72%和4.43%,其中,深圳、佛山、河源、汕尾、惠州、东莞、中山、潮州的年均增长率均高于7%。从时间层面上来看,全省各区域或各地级市在"十五"期间和"十一五"期间的工业增加值增长最快,而"十二五"期间增长较为缓慢,工业企业单位数在"十二五"期间甚至出现了较大幅度的减少情形。受2008年全球金融危机的影响,广东省在2008~2010年的工业增加值增长幅度较小,较为平稳。全省的工业企业单位数在2010年达到最高峰,粤北山区的企业单位数也是在2010年达到峰值,东翼和西翼的企业单位数则每年不断在增长,这三个经济发展区域的地级市除了清远在2010年达到最高值外,其余各市也都保持着持续增长的趋势。但珠江三角洲地区及其所包括的地级市的工业企业数量基本在2008年达到最多(除了肇庆在2010年外)。以上的数据结果表明,广东省在进入21世纪以来采取的产业转移、建立一系列工业园政策有了一定效果,经济较为不发达的地级市工业增加值得到了快速的提高,企业的数量也不断增加,这为解决地级市间的发展不平衡提供了一定的政策和实践基础。

表4-2 各市规模以上工业增加值　　　　　　　　单位:亿元

年份 地区	2000	2005	2008	2009	2010	2014	2014年比2000年增长(%)	年均增长(%)
广州	708.4	1654.0	2987.7	3241.8	4073.4	4364.7	516.1	13.87
深圳	706.9	2571.9	4207.2	4014.4	5015.3	6252.1	784.5	16.85
珠海	156.2	328.7	516.6	569.8	684.0	881.0	464.2	13.15
汕头	88.6	190.3	350.1	389.6	483.2	660.5	645.8	15.43
佛山	401.8	1303.3	3027.3	3234.4	3915.1	4138.7	930.1	18.13
韶关	50.7	108.6	181.5	181.8	219.3	326.3	543.3	14.22
河源	10.7	57.8	181.3	189.6	312.4	325.4	2952.2	27.66
梅州	29.5	72.5	125.3	134.4	166.0	206.7	601.6	14.93

续表

年份\地区	2000	2005	2008	2009	2010	2014	2014年比2000年增长（%）	年均增长（%）
惠州	129.1	315.3	614.7	674.8	881.2	1475.0	1042.7	19.01
汕尾	8.7	29.2	73.8	88.6	112.3	231.5	2548.4	26.37
东莞	259.4	1060.5	1689.0	1453.4	1760.0	2490.8	860.1	17.53
中山	136.2	551.2	954.0	1012.3	1263.1	1209.1	788.0	16.88
江门	189.5	355.1	712.5	796.1	1053.4	847.3	347.1	11.29
阳江	21.6	66.3	123.1	138.0	184.1	429.7	1894.2	23.83
湛江	99.8	229.9	438.5	387.8	528.8	738.1	639.5	15.36
茂名	78.4	165.3	299.6	325.4	362.3	734.4	836.2	17.32
肇庆	36.4	76.9	244.8	288.8	434.5	924.5	2442.7	26.00
清远	21.2	90.8	408.2	557.0	686.0	392.8	1751.3	23.18
潮州	20.2	69.5	143.0	152.4	194.9	329.9	1533.9	22.08
揭阳	39.1	77.6	236.9	307.5	512.5	974.7	2393.4	25.83
云浮	22.4	41.7	77.2	97.5	146.3	255.6	1042.5	19.00
珠江三角洲	2723.7	8217.0	14953.7	15285.7	19080.0	22583.3	729.1	16.31
东翼	156.6	366.6	803.2	938.0	1302.9	2196.5	1302.8	20.76
西翼	199.8	461.4	861.2	851.2	1075.3	1902.2	852.1	17.46
粤北山区	134.4	371.4	973.5	1160.3	1530.2	1506.8	1020.8	18.84
全省	3214.5	9416.4	17592.1	18235.2	22988.3	28188.7	776.9	16.78

资料来源：笔者根据《广东统计年鉴》整理计算而得。

表4-3 各市规模以上工业企业单位数　　　　单位：个

年份\地区	2000	2005	2008	2009	2010	2014	2014年比2000年增长（%）	年均增长（%）
广州	4531	5240	7442	7023	6969	4767	5.21	0.36
深圳	1834	5214	8930	8413	8249	6355	246.51	9.28
珠海	771	992	1395	1386	1347	1008	30.74	1.93
汕头	794	1490	2339	2403	2580	1808	127.71	6.05
佛山	2180	5148	7997	7807	7684	5883	169.86	7.35
韶关	406	392	507	515	559	622	53.20	3.09

续表

年份 地区	2000	2005	2008	2009	2010	2014	2014年比2000年增长（%）	年均增长（%）
河源	148	226	419	411	440	513	246.62	9.29
梅州	371	392	454	489	521	396	6.74	0.47
惠州	689	1243	1875	1870	1853	1815	163.43	7.16
汕尾	94	179	277	347	452	246	161.70	7.11
东莞	1663	4504	5954	5801	5899	5377	223.33	8.74
中山	1074	3291	5078	5036	5063	2963	175.88	7.52
江门	1599	2365	3164	3246	3246	1961	22.64	1.47
阳江	250	498	623	604	596	564	125.60	5.98
湛江	458	578	798	832	850	789	72.27	3.96
茂名	447	590	737	737	792	850	90.16	4.70
肇庆	981	684	1035	1065	1131	1083	10.40	0.71
清远	304	426	774	770	813	580	90.79	4.72
潮州	326	727	1008	1140	1245	871	167.18	7.27
揭阳	455	714	1416	1833	2525	1971	333.19	11
云浮	320	264	381	489	604	732	128.75	6.09
珠江三角洲	15322	28681	42870	41647	41441	31212	103.71	5.21
东翼	1669	3110	5040	5723	6802	4896	193.35	7.99
西翼	1155	1666	2158	2173	2238	2203	90.74	4.72
粤北山区	1549	1700	2535	2674	2937	2843	83.54	4.43
全省	19695	35157	52603	52217	53418	41154	108.96	5.40

资料来源：笔者根据《广东统计年鉴》整理计算而得。

表4-4的数据显示，在2004~2014年，广东省规模以上制造业企业的工业总产值、工业增加值、主营业务收入、固定资产投资、利税总额等主要经济指标都呈现出持续的、较快的增长趋势。工业总产值、工业增加值、主营业务收入、固定资产投资、利税总额分别每年平均增长15.24%、14.50%、15.00%、12.06%和19.53%。企业单位数从2004年的33530个增加至2010年的52102个后开始不平稳下降，从2004年到2014年每年平均增长1.82%，制造业从业人员则以较低的3.91%的速率平稳增长，同样是在2010年就业人数达到最高值。在

此期间，广东省规模以上制造业企业的工业总产值占规模以上工业企业的工业总产值的92%~93%，规模以上制造业企业从业人员年平均人数约占规模以上工业企业的从业人员年平均人数的98%，这两项重要指标的每年占比都较为稳定，这也说明了制造业在广东省工业经济中难以替代的地位，制造业为广东省构建具有全球竞争力的产业新体系奠定了坚实的基础。

表4-4 规模以上制造业工业企业主要经济指标

指标 年份	企业个数 （个）	工业总产值 （亿元）	工业增加值 （亿元）	主营业务收入（亿元）	固定资产 （亿元）	利税总额 （亿元）	从业人员 （万人）
2004	33530	26872.04	6526.11	26401.93	5459.25	1726	970.78
2005	34123	32719.04	8156.04	31768.01	6289.51	2273.57	1062.06
2006	36451	40743.75	10152.53	39810.69	7375.29	3033.64	1177.93
2007	41203	50675.97	12253.01	49632.85	8442.87	4122.77	1281.67
2008	51348	60149.02	15494.67	58120.28	10265.84	4989.72	1463.25
2009	50974	62950.81	16359.35	60933.68	13342.99	5923.52	1403.51
2010	52102	79504.12	18317.74	77730.85	16420.14	8150.46	1533.72
2011	37371	87690.91	19378.11	85824.61	14022.83	8323.26	1431.32
2012	36915	88066.29	20396.03	86352.00	15097.49	8218.79	1419.97
2013	40261	101623.58	23885.44	98388.86	15904.00	9703.75	1423.41
2014	40156	110962.87	25265.42	106839.05	17052.02	10276.84	1423.93
年均增长	1.82%	15.24%	14.50%	15.00%	12.06%	19.53%	3.91%

资料来源：笔者根据《广东统计年鉴》整理计算而得。

改革开放以来，广东省的制造业经历了几个发展阶段：轻工业发展期（1978~1990年）、耐用消费品和高加工度制造业发展期（1990~2000年）、高技术制造业发展期（2000~2008年）、先进制造业发展期（2008年至今）。

在高技术制造业发展阶段，高技术制造业加快发展，已成为推动广东省工业产业高技术化的重要引擎。高技术制造业主要包括核燃料加工业、信息化学品制造业、医药制造业、航空航天器制造业、电子通信设备制造业、计算机制造业、医疗仪器设备制造业。到2020年，广东省要形成6个产值规模超100亿元的智能制造产业集聚区，智能装备产业增加值达到4000亿元，每万人机器人数量达到100台，规模以上工业企业关键工序数控化率达到55%。表4-5列举了在高技术制造业发展阶段规模以上高技术制造业主要经济指标。在此发展阶段，高技术产业竞争力进一步提升，初步实现了从加工贸易型向研发制造型转变，培育若干研发能力和生产规模位居世界前列的高技术企业，初步建成具有较强国际竞争力的高技术产业基地，高技术产业对全省国民经济发展的拉动作用显著增强。除了高技术制造业企业单位数在2011年和2012年有所下降外，工业总产值、工业增加值、主营业务收入、年末总资产投资、利润总额和从业人员均保持着持续增长的趋势，这七项工业经济指标分别由2004年的3797个、8872.28亿元、1885.85亿元、5485.37亿元、8745.20亿元、331.63亿元、194.93万人增长到2014年的5921个、32047.42亿元、7083.66亿元、23823.87亿元、30448.28亿元、1589.96亿元、388.22万人，每年平均增长率分别是4.54%、13.70%、14.15%、15.82%、13.29%、16.97%、7.13%。其中，2004~2014年，这些高技术制造业指标在整个制造业行业中，企业单位数占比约由11%上升至15%，工业增加值占比在24%~29%，利润总额占比在20%~29%，从业人员占比也由20%上升至27%。以上数据表明，广东省高技术制造业比重逐步提升，产业规模不断壮大，工业尤其是制造业经济发展向高级化程度迈进，对广东省国民经济发展的拉动作用显著增强。不过，广东省高技术产业虽然取得了较大的发展，形成了较大的产业规模和较为完整的产业体系，但仍存在一些有待解决的问题，例如，首先，产业层次仍处于产业链的中低端，产品附加值和技术含量不高。其次，企业研发投入不足，自主创新能力不强。目前广东省大部分大中型工业企业没有研发活动，大中型工业企业科技活动经费支出仅占主营业务收入的比例不到2%，均低于全国平均水平，绝大部分产业关键核心技术来自国外。再次，产业投资乏力，产业投资规模已落后于国内高技术产业发达地区。最后，高技术产业发展软环境仍不完善，创新环境培育力度依然不够，促进高技术产业发展的体制机制有待完善。

表4-5 规模以上高技术制造业主要经济指标

年份 指标	企业单位数（个）	工业总产值（亿元）	工业增加值（亿元）	年末总资产（亿元）	主营业务收入（亿元）	利润总额（亿元）	从业人员（万人）
2004	3797	8872.28	1885.85	5485.37	8745.20	331.63	194.93
2005	3743	10750.54	2364.94	6465.73	10472.92	371.97	222.57
2006	3877	13020.51	2849.42	7499.63	12836.90	452.20	251.36
2007	4473	14752.85	2883.08	8810.68	14631.94	578.59	281.17
2008	5789	16871.63	3663.62	10309.70	16192.42	551.15	316.55
2009	5661	17224.35	3852.74	11232.10	16817.02	869.22	313.91
2010	5829	21122.13	4850.59	16333.94	21020.07	1239.57	356.05
2011	4669	23609.35	4741.14	16671.41	23257.81	1021.02	362.26
2012	4864	25253.28	5478.80	17947.75	24607.63	1106.99	371.49
2013	5850	29283.54	6654.38	20644.55	27999.37	1401.75	381.79
2014	5921	32047.42	7083.66	23823.87	30448.28	1589.96	388.22
年均增长	4.54%	13.70%	14.15%	15.82%	13.29%	16.97%	7.13%

资料来源：笔者根据《广东统计年鉴》整理计算而得。

近年来，广东省致力于发展电子信息产业，加快壮大生物、新材料、新能源等新兴产业，积极培育航空航天、海洋等潜力产业，努力增强产业技术创新能力，全力推进电子信息、软件、生物、新材料、航空、高技术服务等国家高技术产业基地建设，提升高技术产业基地的发展层次和质量，全省各个高技术产业呈现良好的发展态势。表4-6列举了2014年规模以上高技术制造业各行业的主要经济指标。在2014年，高技术制造业的企业单位数有5921个，信息化学品制造业有47个，占高技术制造业的0.79%；医药制造业有385个，占6.5%；航空航天器及设备制造业仅有10个，占0.17%；电子及通信设备制造业有高达4416个，占74.58%，电子信息制造业高端化发展态势明显，新一代移动通信设备、数字音视频、平板显示等高端行业加快发展，已成为我省电子信息产业新的支柱产业；电子计算机及办公设备制造业有643个，占10.86%；医疗设备及仪器仪表制造业有420个，占7.09%。在创造的工业增加值方面，这6个行业共创造增加值7083.66亿元，它们分别创造了29亿元、402.26亿元、26.95亿元、

5514.24亿元、879.6亿元和231.6亿元，分别占比是0.41%、5.68%、0.38%、77.84%、12.42%和3.27%。在这些高技术制造业行业提供的就业方面，它们的从业人员年平均人数共有388.22万人，分别占有0.95万人、12.21万人、0.88万人、286.62万人、72.26万人和15.30万人，分别占比是0.24%、3.15%、0.23%、73.83%、18.61%和3.94%。在其他经济指标方面，电子及通信设备制造业的经济指标均占整个高技术制造业的71%以上，电子计算机及办公设备制造业的经济指标均占整个高技术制造业的10%~20%，医药制造业的经济指标均占整个高技术制造业的4%~9%，医疗设备及仪器仪表制造业的经济指标均占整个高技术制造业的3%~5%，信息化学品制造业和航空航天器及设备制造业的经济指标均占不到整个高技术制造业的1%。综上数据显示，电子及通信设备制造业是广东省高技术制造业的"领头羊"行业，这主要得益于广东省在"十二五"期间实施高端新型电子信息行动计划，大力培育和发展新型平板显示、新一代移动通信、下一代互联网和物联网、半导体照明、高端消费电子、电子基础产品等高端产业，以高端新型电子信息制造业的突破带动电子信息制造业转型升级，将珠江三角洲地区打造成世界级电子信息产业基地。其次是电子计算机及办公设备制造业，行业规模最小的是信息化学品制造业和航空航天器及设备制造业，这说明广东省的高技术产业间发展存在不平衡的问题，这需要进一步改善。而且，广东省高技术产业也面临着生产要素成本上升、资源环境制约等多重压力，必须不断提高自主创新能力。当然，大力发展高技术行业，有利于广东省加快促进产业结构优化，利用高技术行业创新和改造传统行业和基础行业，这可迅速提高广东省制造业企业的核心竞争力。

表4-6 规模以上高技术制造业主要经济指标（2014年）

指标＼行业	合计	信息化学品	医药制造业	航空航天器及设备	电子及通信设备	电子计算机、办公设备	医疗设备、仪器仪表
企业单位数（个）	5921	47	385	10	4416	643	420
工业总产值（亿元）	32047.42	122.04	1368.06	94.22	23677.58	5968.74	816.79
工业增加值（亿元）	7083.66	29.00	402.26	26.95	5514.24	879.60	231.60

续表

指标 \ 行业	合计	信息化学品	医药制造业	航空航天器及设备	电子及通信设备	电子计算机、办公设备	医疗设备、仪器仪表
年末总资产（亿元）	23823.87	113.73	1575.65	83.93	17385.26	3734.97	930.32
流动资产（亿元）	17119.27	64.91	946.52	63.91	12565.13	2845.46	633.35
固定资产（亿元）	4093.27	33.85	314.28	14.33	3126.79	476.78	127.25
主营业务收入（亿元）	30448.28	119.41	1294.58	91.94	22283.96	5868.57	789.82
利润总额（亿元）	1589.96	11.59	145.76	12.57	1130.27	205.67	84.10
利税总额（亿元）	2528.47	19.35	212.28	17.30	1859.16	308.00	112.38
从业人员（万人）	388.22	0.95	12.21	0.88	286.62	72.26	15.30

资料来源：笔者根据《广东统计年鉴》整理计算而得。

随着广东省经济加快向创新驱动的转型发展，高技术制造业在广东省经济发展中扮演越来越重要的角色，省政府始终致力于全面推进广州、深圳、珠海、佛山、中山、惠州、东莞、肇庆、江门国家高新技术产业开发区建设，打造若干瞄准全球先进水平的龙头基地。表4-7列举了广东省各市高技术产业增加值及比重的情况。从总量上看，全省和各个经济发展区域及其地区的高技术制造业的增加值都呈现出每年持续增长的良好态势（江门呈现波动增长除外）。全省的高技术制造业增加值由2011年的4741.14亿元增长到2014年的7083.66亿元，每年平均增长约14.32%。在各个经济发展区域中，珠江三角洲地区的增加值一直处于领先地位（由2011年的4612.89亿元增长到2014年的6695.68亿元），占全省的95%~97%，不过这比重逐年有所下降，说明了其他经济发展区域的高技术制造业水平得到了一定的发展和提升。增加值排第二位的是东翼，接着是粤北山区和西翼，分别约占全省的3%、2%和0.6%，且呈现出逐年上升的趋势。2011~2014年，各个经济发展区域的高技术制造业增加值每年平均增长最快的是粤北山区，其次是东翼、珠江三角洲和西翼地区，其增长率分别是34.03%、20.1%、13.22%和10.17%。深圳、东莞、惠州的高技术制造业的增加值规模处于前三位，广州在2013年被惠州反超退为第四位，而经济较为落后的湛江、阳江、清远、韶关、云浮的增加值规模不足20亿元。高技术制造业的增加值

2011~2014年每年平均增长最快的地区是经济发展不发达的河源,高达56.74%,其次是韶关(28.42%)、汕尾(25.71%)、潮州(25.1%),增长较慢的是江门(-1.65%)、湛江(6.08%)、广州(6.69%)等。

从高技术制造业增加值占规模以上工业比重的方面来分析,全省和绝大部分的经济发展区域及其地区的高技术制造业增加值占规模以上工业比重都呈现出逐年上升的趋势,东莞、茂名、肇庆、清远等地级市的比重则出现波动或下降。全省高技术制造业增加值占规模以上工业的比重由2011年的21.89%提高到25.13%。珠江三角洲地区的比重一直处于全省的平均水平以上,占比约30%,最低的经济发展区域是西翼和东翼地区,占比不到10%。深圳的高技术制造业增加值占规模以上工业比重超过一半,2014年高达61.54%,这说明了拥有一大批像华为等高科技企业的深圳工业发展主要是依靠于高新技术产业的发展,是广东省高技术产业的"领头羊"。处于第二位的惠州的高技术制造业增加值占规模以上工业比重也将近一半,由2011年的36.07%上升到2014年的41.69%;接下来是东莞(33.36%)、珠海(25.66%)、河源(25.49%);高技术制造业增加值占规模以上工业比重不到5%的地区主要分布在西翼和粤北山区,如湛江(1.09%)、阳江(2.52%)、茂名(3.12%)、清远(3.36%)、韶关(4.38%)(见表4-7)。因此,广东省要贯彻落实《广东省高技术产业发展规划》中关于促进珠江三角洲产业向欠发达地区转移的规定,鼓励和引导珠江三角洲地区逐步将技术含量不高、加工型和劳动密集型产业向东西两翼和粤北山区转移,腾出发展空间重点发展高端产业。东西两翼和粤北山区要抓住机遇,加快发展,充分依托自身的资源和产业优势,加强与珠江三角洲地区的合作,不断壮大产业规模,提升产业质量。

表4-7 各市高技术产业增加值及比重

指标 年份 地区	高技术制造业增加值(亿元)				高技术制造业增加值占规模以上工业比重(%)			
	2011	2012	2013	2014	2011	2012	2013	2014
广州	440.92	514.65	532.32	535.47	11.00	13.05	11.96	12.27

续表

指标 年份 地区	高技术制造业增加值（亿元）				高技术制造业增加值占规模以上工业比重（%）			
	2011	2012	2013	2014	2011	2012	2013	2014
深圳	2709.55	2949.40	3491.79	3847.26	56.80	57.75	60.26	61.54
珠海	165.97	172.79	220.28	226.08	24.56	25.99	28.11	25.66
汕头	23.94	31.28	32.08	33.51	5.74	6.13	5.35	5.07
佛山	174.55	217.54	283.01	283.74	5.83	6.59	7.31	6.86
韶关	6.75	10.09	12.52	14.30	2.79	3.82	4.03	4.38
河源	21.54	41.34	68.94	82.94	8.10	16.85	21.65	25.49
梅州	19.68	20.31	24.27	30.75	11.89	12.68	12.88	14.88
惠州	365.26	450.63	594.71	614.89	36.07	38.39	41.79	41.69
汕尾	26.18	36.90	52.06	52.00	19.00	19.87	23.44	22.47
东莞	475.45	615.49	864.23	831.03	28.92	31.11	35.63	33.36
中山	161.60	179.09	194.94	210.60	13.10	14.60	16.30	17.42
江门	60.20	43.53	47.63	57.27	5.60	7.56	6.83	6.76
阳江	6.76	9.67	11.57	10.84	3.01	3.28	2.96	2.52
湛江	6.75	5.39	6.84	8.06	1.30	0.97	1.00	1.09
茂名	17.74	15.07	18.48	22.88	4.16	3.03	2.77	3.12
肇庆	59.38	68.55	81.24	89.35	10.40	10.31	10.07	9.66
清远	7.99	7.86	9.03	13.20	2.20	2.70	2.82	3.36
潮州	12.55	17.95	20.93	24.56	5.81	7.43	6.94	7.45
揭阳	45.22	60.23	70.60	76.84	8.26	8.78	8.04	7.88
云浮	10.20	11.03	16.92	18.10	8.25	7.51	7.98	7.08
珠江三角洲	4612.89	5211.67	6310.15	6695.68	25.60	27.96	29.42	29.65
东翼	107.88	146.37	175.67	186.90	9.00	9.02	8.78	8.51
西翼	31.25	30.13	36.89	41.79	2.70	2.23	2.12	2.20
粤北山区	66.16	90.62	131.68	159.28	5.70	8.18	9.75	10.57
全省	4741.14	5478.80	6654.38	7083.66	21.89	24.11	25.07	25.13

资料来源：笔者根据《广东统计年鉴》整理计算而得。

在先进制造业发展阶段，广东省发展以装备制造业为主体的先进制造业主要包括装备制造业、钢铁冶炼及加工业、石油及化学制造业等行业。先进制造业是现代产业体系的主体,是一个国家、地区综合经济实力的体现。广东省要构建现代产业体系主体框架,重点建设重大成套和技术装备制造产业基地;打造以炼油、乙烯炼化一体化项目为龙头的沿海石化产业基地;发展以合金钢、特种钢为主的现代钢铁基地。表4-8列举了在先进制造业发展阶段规模以上先进制造业的主要经济指标,总体而言,"十二五"期间广东省先进制造业迅速发展,行业规模不断壮大,形成以装备制造、汽车、石化等产业为主体的先进制造业体系,奠定了建立世界先进制造业基地的雄厚基础,推动了广东省经济保持平稳较快发展。除了规模以上先进制造业的企业单位数、利润总额、利税总额和从业人员在2012年或2013年有所波动下降外,工业总产值、工业增加值、年末总资产投资、流动资产、固定资产、主营业务收入均保持着持续增长的趋势,这十项指标分别由2011年的13386个、46259.07亿元、10326.03亿元、31190.54亿元、20546.48亿元、7699.78亿元、45517.02亿元、2829.50亿元、4901.05亿元、575.00万人增长到2014年的14959个、57501.64亿元、13419.81亿元、40345.39亿元、25904.94亿元、9279.62亿元、54995.73亿元、3220.18亿元、5645.73亿元、598.71万人,每年平均增长率分别为3.77%、7.52%、9.13%、8.96%、8.03%、6.42%、6.51%、4.41%、4.83%和1.36%,工业增加值的增长速度最快。其中,2011~2014年,这些先进制造业指标在整个制造业行业中,企业单位数占比约由35.82%上升至37.25%,工业增加值占比在53%左右,利润总额占比在52%~57%,从业人员年平均人数占比也由40.17%上升至42.05%。由此可以看出,先进制造业在整个制造业中的规模有着举足轻重的作用,产业规模显著扩大,发展后劲显著增强,成为新的经济增长点。

表4-8 规模以上先进制造业主要经济指标

指标 \ 年份	2011	2012	2013	2014	年均增长(%)
企业单位数(个)	13386.00	13378.00	14881.00	14959.00	3.77
工业总产值(亿元)	46259.07	46865.65	53041.61	57501.64	7.52
工业增加值(亿元)	10326.03	10923.69	12714.98	13419.81	9.13

续表

年份 指标	2011	2012	2013	2014	年均增长（%）
年末总资产（亿元）	31190.54	32414.22	36399.59	40345.39	8.96
流动资产（亿元）	20546.48	20616.90	23474.63	25904.94	8.03
固定资产（亿元）	7699.78	8081.77	8353.04	9279.62	6.42
主营收入（亿元）	45517.02	45712.62	51094.11	54995.73	6.51
利润总额（亿元）	2829.50	2548.72	2990.67	3220.18	4.41
利税总额（亿元）	4901.05	4645.91	5441.47	5645.73	4.83
从业人员（万人）	575.00	586.33	581.03	598.71	1.36

资料来源：笔者根据《广东统计年鉴》整理计算而得。

广东省为进一步推动全省先进装备制造业集约发展，促进国内外先进装备制造龙头企业到省内投资建设，重点打造了珠江西岸（包括珠海、佛山、中山、江门、阳江、肇庆六市及顺德区）先进装备制造产业带。表4-9列举了2014年规模以上先进制造业中三大行业的主要经济指标。在2014年，先进技术制造业的工业企业单位数有14959个，装备制造业有11960个，占先进制造业的79.95%；钢铁冶炼及加工业有400个，仅占2.67%；石油及化学制造业有2599个，占17.37%。在创造的工业增加值方面，这三大行业分别创造的增加值为10167.55亿元、378.83亿元和2873.43亿元，占比分别是75.77%、2.82%和21.41%。在这些先进制造业行业提供的就业方面，它们的从业人员年平均人数共有598.71万人，分别为542.85万人、9.54万人和46.32万人，占比分别是90.67%、1.59%和7.74%。在其他经济指标方面，装备制造业的经济指标几乎均占整个先进制造业的65%以上，石油及化学制造业的经济指标占整个先进制造业的20%左右，而钢铁冶炼及加工业几乎都不到5%。这些数据均表明，装备制造业已成为广东省工业经济发展的尖端产业和优势产业，广东省智能制造装备包括数控机床及系统、机器人等行业，主要集中在数控机床及系统领域；石油及化学制造业基本形成从上游原油开采、炼油、乙烯生产到下游合成材料、精细化工、橡胶加工比较完整的产业体系，产值居全国第三位，成为我国重要的石化产业基地之一；钢铁冶炼及加工业基本形成从铁矿采选、炼铁、炼钢、轧钢到钢材深加工等较完整的产业体系。当前国际制造业转移的结构层次不断向高端演进，高附加值、高技术含量的先进制造业向新兴国家转移速度加快，绿色制造、智能制造等逐步成为国际先进制造业转移的重点领域，这是广东省加快发展先进制造业面临的难得的机遇。2015年广东省《政府工作报告》指出：广东省积极参与"一带一路"建设，强化基础设施互联互通，着力推进经贸投资合作，与海上丝绸之路沿线重点14国进出口额达8504亿元。支持企业"走出去"，累计协议投资设立境外企业约5600家，中方实际投资350亿美元、年均增长45.9%。务实推进泛珠江三角洲区域合作，累计签约产业经贸合作项目4508个。当然，广东省发展先进制造业也面临不少困难和挑战，例如，国际上发达国家提出的"再工业化"的激烈竞争，广东省先进制造业产品创新能力不足，部分行业核心技术缺乏，资源环境约束严重，节能减排压力较大。

表4-9 规模以上先进制造业主要经济指标（2014年）

指标\行业	合计	装备制造业	钢铁冶炼及加工	石油及化学
企业单位数（个）	14959.00	11960.00	400.00	2599.00
工业总产值（亿元）	57501.64	44679.22	2398.34	10424.07
工业增加值（亿元）	13419.81	10167.55	378.83	2873.43
年末总资产（亿元）	40345.39	32522.96	1318.35	6504.08
流动资产（亿元）	25904.94	22352.66	564.28	2988.01
固定资产（亿元）	9279.62	6435.10	579.73	2264.79
主营业务收入（亿元）	54995.73	42569.97	2299.44	10126.33
利润总额（亿元）	3220.18	2441.11	66.35	712.72
利税总额（亿元）	5645.73	3854.93	111.81	1678.99
从业人员（万人）	598.71	542.85	9.54	46.32

资料来源：笔者根据《广东统计年鉴》整理计算而得。

先进制造业作为广东省现代产业体系的主体，是省内每个地区综合经济实力的体现。广东省及各地区政府为促进先进制造业的发展，省政府重点推动珠江西岸加快形成优势明显、各具特色的先进制造产业带，促进全省先进制造业形成较为完整的产业链，带动全省各地区制造业转型升级。2015年，广东省始终把产业转型升级和中高端发展作为转方式调结构的主攻方向，紧紧抓住"两个支撑"结合点，加快培育以先进制造业、现代服务业、战略性新兴产业为主体的现代产业体系，打造广东省经济升级版。表4-10列举了广东省各地级市2011~2014年先进制造业增加值及先进制造业增加值占规模以上工业的比重。从总量上看，全省和各个经济发展区域及其地区的先进制造业的增加值基本保持着每年持续增长的良好态势，广州、惠州、汕尾和阳江在2014年出现微小的下降。全省的先进制造业增加值由2011年的10326.03亿元增长到2014年的13419.81亿元，每年平均增长约9.13%。在各个经济发展区域中，珠江三角洲地区的增加值一直处于领先地位（由2011年的9371.42亿元增长到2014年的11786.03亿元），约占了全省的88%~91%，不过这比重与高技术制造业类似，逐年有所下降，说明了广东省的产业转移政策和技术扩散促使其他经济发展区域的先进制造业水平得到了更好的发展。处于第二位的经济发展区域是西翼地区，占全省的6%~7%；粤北山区和东翼地区的增加值相当，基本上均占全省的2%~3%，且这些地区均保持着逐年上升的趋势。2011~2014年，各个经济发展区域的先进制造业增加值每年平均增长最快的粤北山区和东翼地区，其增长率分别是13.82%和13.63%；其次是珠江三角洲地区和西翼地区，其增长率分别是11.66%和7.94%。在"十二五"期间，广州市大力发展先进制造业，完成"退二"企业314家，推动600多家规模以上工业企业新一轮技术改造，打造智能装备及机器人、船舶及海洋工程装备、核电装备等先进制造业基地，建设中小企业先进制造业中外合作区。深圳市全面优化产业结构，制定和实施了"互联网+"和《中国制造2025》深圳行动计划，支持产业升级项目2350个，强化梯次型现代产业体系。深圳、广州、佛山的先进制造业的增加值规模处于前三位，增加值突破千亿元大关的地区还有东莞；经济较为落后的潮州、梅州、云浮、清远、汕尾的先进制造业增加值规模不足100亿元，地区之间的差距较大。各市的先进制造业的增加值2011~2014年每年平均增长最快的是处于经济发展水平较低的云浮（23.85%）和汕尾（22.13%），其次是东莞（17.96%）、潮州（17.25%）、河源（17.23%）

等，增长最慢的是江门（-4.74%）、广州（0.11%）、中山（2.37%）等。

表4-10 各市先进产业增加值及比重

指标 年份 地区	先进制造业增加值（亿元）				先进制造业增加值占规模以上工业比重（%）			
	2011	2012	2013	2014	2011	2012	2013	2014
广州	2406.51	2297.05	2449.37	2414.19	59.90	58.22	55.10	55.31
深圳	3385.28	3594.65	4134.90	4536.65	71.00	70.38	71.36	72.56
珠海	297.16	297.76	358.05	412.25	44.00	44.78	45.69	46.79
汕头	68.58	82.17	82.21	88.20	16.50	16.11	13.72	13.35
佛山	951.14	1040.56	1254.10	1306.19	31.80	31.51	32.38	31.56
韶关	77.19	78.67	98.22	101.47	31.90	29.78	31.59	31.10
河源	87.60	98.19	140.98	141.13	32.90	40.01	44.28	43.38
梅州	32.13	31.23	36.40	44.52	19.40	19.50	19.32	21.54
惠州	664.66	781.92	943.67	927.54	65.60	66.60	66.31	62.88
汕尾	33.71	47.46	61.80	61.40	24.40	25.55	27.82	26.53
东莞	693.06	834.35	1119.98	1137.51	42.20	42.18	46.17	45.67
中山	397.81	407.10	414.33	426.83	32.30	33.18	34.64	35.30
江门	378.39	192.74	218.80	327.11	35.20	33.45	31.39	38.61
阳江	59.10	71.07	78.64	74.26	26.30	24.10	20.15	17.28
湛江	260.69	280.09	340.40	347.60	50.40	50.24	49.70	47.10
茂名	311.90	346.90	448.63	457.52	73.10	69.65	67.29	62.30
肇庆	197.41	222.71	269.52	297.76	34.60	33.49	33.40	32.21
清远	45.36	35.70	40.84	59.52	12.50	12.27	12.75	15.15
潮州	17.47	23.87	26.90	28.15	8.10	9.89	8.92	8.53
揭阳	125.79	129.49	154.89	182.54	23.00	18.88	17.63	18.73
云浮	24.99	30.01	42.35	47.48	20.20	20.45	19.96	18.58
珠江三角洲	9371.42	9668.83	11162.7	11786.03	51.60	51.87	52.00	52.19
东翼	245.55	283.00	325.80	360.29	18.60	17.44	16.28	16.40
西翼	631.69	698.05	867.67	879.37	54.00	51.69	49.81	46.23
粤北山区	267.27	273.80	358.79	394.13	23.00	24.72	26.57	26.16
全省	10326.03	10923.7	12715.0	13419.81	47.67	48.08	47.91	47.61

资料来源：笔者根据《广东统计年鉴》整理计算而得。

从先进制造业增加值占规模以上工业比重的方面来分析,全省和绝大部分的经济发展区域及其地区的先进制造业增加值占规模以上工业比重都呈现出平稳增长(如珠海、梅州、清远、江门等)或稍微上下波动(如广州、惠州、茂名、潮州、云浮等)的趋势,全省先进制造业增加值占规模以上工业的比重在这4年间都保持在48%左右。珠江三角洲地区的比重一直处于全省的平均水平以上,先进制造业增加值占规模以上工业比重约52%,西翼地区的先进制造业增加值占规模以上工业比重也高达46%~54%,不过这几年有小幅下降趋势,东翼和粤北山区的先进制造业增加值占规模以上工业比重分别不到20%和30%,粤北山区的比重每年有小幅上升,东翼地区则相反。深圳的先进制造业增加值占规模以上工业比重最高,2014年高达72.56%,先进制造业增加值占规模以上工业比重高于全省比重的地区还有惠州(63%~66%)、茂名(62%~73%)和广州(55%~60%)。2014年该比重不到20%的地区主要分布在东西翼和粤北山区,如潮州(8.53%)、汕头(13.35%)、阳江(17.28%)、清远(15.15%)、揭阳(18.73%)和云浮(18.58%),这说明了广东省各地区间的经济发展差异较大。因此,各地区要利用现有产业基础,充分发挥各地区位和特色产业优势,实行差异化发展。各地区要深化落实《中国制造2025》,坚定不移地实施工业转型升级攻坚战3年行动计划,努力建设珠江西岸先进装备制造产业带,提升珠江东岸电子信息产业带和粤东西北产业园区发展质量,大力推进智能制造,抓住机会进行技术改造和创新。广东省要加快打造"一核一带一轴三区"的空间发展格局,充分发挥广州作为国家中心城市、深圳作为全国经济中心城市的要素集聚和辐射效应,强化广佛肇、深莞惠、珠中江三大经济圈产业的优势互补与合理布局,重点发展高端制造业,将珠江三角洲地区发展成为高端先进制造业的核心区和先进制造业高端环节的集聚区。同时,广东省要积极做好东西北地级市先进制造业规划布局,推动东西北地级市先进制造业错位发展,清远、韶关、梅州、河源、云浮等地级市加快推进本地先进制造业和要素向交通主干线周边聚集,积极承接先进制造业转移,在主要交通节点配套建设大型物流园区和产业转移园区,推动先进制造业在园区内集聚发展。

第二节 全国各省的全要素生产率变化和广东省位置

表4-11列举了我国30个省市在2001~2014年的实际经济增长率（这些增长率都是取各年的几何平均值），2001~2014年，我国每年的实际经济增长率平均为11.89%，实际经济增长率高于全国平均水平的有13个省市，分别是天津市、内蒙古自治区、吉林省、江苏省、福建省、江西省、山东省、广东省、重庆市、四川省、贵州省、陕西省、青海省。在2014年，广东省以67809.85亿元的GDP继续稳居全国第一，2011~2014年广东省每年平均的实际经济增长速率约为12.31%，在全国30个省市中排名第6位，也高于我国的一些经济大省，如江苏省、浙江省、山东省等省。根据经济增长理论，经济增长主要来源于诸如劳动、资本等生产投入要素的增长和全要素生产率的增长。经济增长率大于要素投入增长率的部分称为全要素生产率增长率，全要素生产率的增长率也常视为衡量科技进步的指标，其来源主要包括技术进步、效率改善、质量创新等。估计全要素生产率有助于我们探析经济增长的来源，即分析各种影响因素（如劳动资本投入、技术进步、管理改善、质量创新等）对经济增长的贡献，从而分析经济增长到底是要素投入型增长还是生产率型增长。根据本书所使用的序列DEA测算方法，表4-11列举了我国30个省市在2001~2014年的全要素生产率平均增长率的测算结果。2001~2014年，我国全要素生产率平均每年增长约2.03%，远低于经济增长率，仅仅是经济增长率的16.49%，与劳动资本等投入要素的贡献相比，我国全要素生产率对经济增长的贡献尚有较大的提升空间。在这14年间，各省市全要素生产率每年平均增长率排名在前十位的是河北省（5.71%）、上海市（5.02%）、江苏省（4.86%）、山东省（4.70%）、湖北省（4.65%）、黑龙江省（4.27%）、广东省（4.23%）、海南省（3.79%）、青海省（3.39%）、天津市（3.35%）。然而，部分省市的全要素生产率的增长表现并不佳，全要素生产率出现负增长的省市有云南（-0.06%）、宁夏（-0.15%）、重庆

(-0.33%)、贵州（-0.43%）、河南（-0.65%）、甘肃（-0.74%）、安徽（-0.80%）、江西（-0.93%）、湖南（-1.15%）、广西（-1.18%）。如果按全要素生产率的增长率由高往低排序，广东省的全要素生产率的增长率排在第7位，其全要素生产率的增长为其实际经济增长贡献了约34%，表现出较高的贡献率，这说明广东省的全要素生产率成为经济增长的主要源泉之一。具体到我国每个五年时期，我国的全要素生产率平均每年增长率在每个五年时期表现出下降趋势；我国在"十五"时期全要素生产率平均每年增长约2.72%，在"十一五"时期全要素生产率平均每年增长约2.04%，在将近整个"十二五"时期（2011~2014年）全要素生产率平均每年增长约1.22%。对于广东省在这几个五年时期的全要素生产率绩效而言，广东省的全要素生产率平均每年增长率在每个五年时期也表现出下降趋势，但每年依然保持着持续增长（低增长率而不是没有增长）。广东省在"十五"时期全要素生产率平均每年增长约7.13%，由高至低排在第3位；在"十一五"时期全要素生产率平均每年增长约3.62%，由高至低排在第8位；在将近整个"十二五"时期（2011~2014年）全要素生产率平均每年增长约1.47%，由高至低排在第14位；无论在哪个时期，广东省的全要素生产率的增长率一直高于全国的平均水平。虽然全要素生产率为我国各省市带来了经济增长，但我国的经济发展不平衡问题依然突出，主要是发展方式粗放，创新能力不强，部分制造业行业产能过剩严重。

表4-11 我国30个省市全要素生产率平均增长率

地区 \ 指标 年份	全要素生产率增长率（%）				实际经济增长率（%）
	2001~2005	2006~2010	2011~2014	2001~2014	2001~2014
北京	-0.05	2.39	-0.70	0.63	10.58
天津	4.98	6.37	-2.24	3.35	14.52
河北	6.48	3.48	7.56	5.71	10.72
山西	6.49	2.10	0.24	3.10	11.38
内蒙古	9.07	2.44	-3.12	3.10	15.42
辽宁	6.59	2.55	-0.77	3.00	11.56

续表

指标 年份 地区	全要素生产率增长率（%）				实际经济增长率（%）
	2001~2005	2006~2010	2011~2014	2001~2014	2001~2014
吉林	6.69	0.58	-0.31	2.46	11.99
黑龙江	7.11	3.87	1.32	4.27	10.64
上海	5.74	5.64	3.37	5.02	10.42
江苏	6.36	5.31	2.45	4.86	12.26
浙江	3.57	3.23	1.73	2.92	11.22
安徽	-1.36	-0.55	-0.40	-0.80	11.80
福建	2.88	2.70	1.34	2.37	12.24
江西	-3.13	-0.62	1.48	-0.93	11.95
山东	8.36	2.94	2.44	4.70	12.17
河南	-0.81	-2.17	1.49	-0.65	11.53
湖北	4.02	5.84	3.97	4.65	11.83
湖南	-1.51	-1.01	-0.88	-1.15	11.81
广东	7.13	3.62	1.47	4.23	12.31
广西	-1.92	-3.25	2.45	-1.18	11.84
海南	4.81	6.04	-0.17	3.79	11.19
重庆	-3.62	0.97	2.27	-0.33	13.08
四川	-1.08	0.37	1.78	0.25	12.24
贵州	-2.19	1.04	-0.05	-0.43	11.92
云南	-0.43	-0.46	0.90	-0.06	10.77
陕西	2.97	2.52	4.68	3.29	13.81
甘肃	-1.00	-1.88	1.04	-0.74	11.04
青海	3.48	4.40	2.03	3.39	12.31
宁夏	-1.13	-0.19	1.15	-0.15	11.42
新疆	3.18	2.82	0.00	2.14	10.58
全国	2.72	2.04	1.22	2.03	11.89

资料来源：笔者计算而得。

在2015年，全要素生产率首次写入中央《政府工作报告》，李克强提出：提高全要素生产率，加强质量、标准和品牌建设，加快培育新的增长点和增长极。李克强在2016年的《政府工作报告》中也指出，做好"十三五"时期经济社会发展工作，我国要突出抓好供给侧结构性改革，提高全要素生产率，不断解放和发展社会生产力。因此，我国各省市需努力把提高全要素生产率作为新的经济增长点。根据全要素生产率的来源，提高全要素生产率的途径主要有两种：一是利用技术进步促使生产效率的提高；二是通过优化生产要素之间的重新组合来促进配置效率的提高，主要表现为技术进步、管理改善、质量创新等方式对经济增长的贡献。在日益趋紧的资源环境约束下，我国各省市要进一步提高企业效率，加快先进制造业发展，实施工业强基工程和智能制造工程，开展质量品牌提升行动，构建新型制造体系。因此，近年来各省市一直致力于提高工业尤其是制造业的竞争能力，表4－12列举了2005～2014年我国各地区制造业质量竞争力指数。质量竞争力指数是由国家质检总局发布的、用于反映我国制造业质量竞争力整体水平的经济技术指标。它包括2个二级指标（质量水平和发展能力）、6个三级指标（标准与技术水平、质量管理水平、质量监督与检验水平等）和12个统计指标（产品质量等级品率、质量管理体系认证率、质量损失率、产品监督抽查合格率等）。2005～2014年，我国质量竞争力指数由78.98逐年平稳提高至83.34，质量升级平稳推进。广东省的制造业质量竞争力指数由2005年的83.32提升至2011年的87.77后，2014年下降至86.83。不过，广东省的制造业竞争力指数历年来都高于全国平均水平。在2008年之前，广东省在全国31个省市中的排名逐年提升（见图4－1），从2005年的第4位跃升至2008年的第1位，但在2008年受金融危机冲击较大的影响后则出现下滑，一度下滑至2014年的第6位，这说明了广东省的工业尤其是制造业的竞争力水平有待提高。因此，广东省首先要明确经济发展方向，适应经济发展的新常态、优化经济结构、转换发展动力、转变发展方式。其次广东要强化企业创新主体地位和质量创新主导作用，坚持创新发展的产业新体系，加强质量创新，加快建设制造强省战略和促进产业竞争功能，努力提高发展质量和生产率。

表4-12　我国各地区制造业质量竞争力指数

年份 地区	2005	2006	2007	2008	2009	2010	2011	2012	2013	2014
北京	83.8	82.86	86.09	86.9	88.14	89.31	89.4	90.47	91.22	90.25
天津	83.76	82.24	84.91	85.77	86.58	88.41	88.97	90.14	90	89.7
河北	78.28	77.09	79.6	80.09	79.11	80.41	79.72	80.87	80.26	81.18
山西	76.29	74.31	74.5	75.61	76.53	78.3	78.22	79.41	78.11	79.42
内蒙古	74.36	77.29	77.92	80.11	81.09	80.38	79.82	78.36	80.04	80.25
辽宁	82.8	80.32	82.25	82.56	82.63	83.26	82.93	81.68	80.96	80.53
吉林	79.49	77.39	79.01	80.3	81.1	81.61	81.01	80.37	80.29	80.07
黑龙江	77.54	75.81	77.42	79.47	76.57	78.23	81.39	81.94	83.54	82.26
上海	84.34	86.78	87.55	86.53	89.06	90.85	90.42	92.01	93.14	93.27
江苏	84.49	84.87	88.14	86.95	86.4	87.13	87.96	88.13	88.64	89.34
浙江	82.86	83.75	84.4	85.12	85.43	85.65	87.43	89.05	89.55	89.51
安徽	79.28	77.73	80.43	81.85	79.71	82.58	84.34	84.26	84.99	85.53
福建	84.39	82.57	81.43	81.12	82.78	83.93	84.41	85.03	84.82	84.63
江西	78.26	81.13	80.89	81.77	80.65	82.04	81.74	80.29	79.25	79.76
山东	80.86	81.49	82.54	83.47	83.23	84.41	85.38	84.86	84.35	83.8
河南	76.79	75.04	77.96	77.63	78.6	79.69	80.18	80.1	80.55	80.16
湖北	79.02	79.82	81.1	82.43	81.94	83.74	83.81	83.66	83.14	84.53
湖南	79.4	80.48	82.72	81.03	86.03	85.4	86.41	82.39	84.39	84.61
广东	83.82	83.98	86.91	87.26	87.09	87.14	87.77	87.53	86.94	86.83
广西	74.82	75.47	76.99	78.23	78.48	79.18	79.67	78.74	77.97	78.12
海南	74.61	75.91	75.54	77.15	78.85	78.3	81.15	83.42	80.8	83.22
重庆	83.79	83.62	84.32	84.69	83.85	85.49	85.19	85.04	84.52	85.22
四川	80.81	80.86	79.79	81.09	82.28	81.64	81.09	81.18	81.16	83.41
贵州	79.4	79.65	79.88	80.44	81.72	82.27	83.1	82.55	82.69	80.31
云南	72.33	75.67	76.26	74.69	75.1	76.49	78.14	78.59	77.62	79.37
西藏	68.3	67.46	63.58	64.99	72.46	73.51	73.14	70.74	74.82	78.47
陕西	79.12	77.97	80.01	80.57	81.32	82.57	82.24	81.87	83.83	85.28
甘肃	75.57	77.43	77.73	79.1	79.15	79.6	79.16	80.76	79.19	79.51
青海	73.46	75.47	77.35	79.49	76.71	75.88	76.08	76.82	76.8	75.98
宁夏	72.71	76.61	78.87	79.53	77.8	78.8	78.62	80.28	79.49	79.17

续表

年份 地区	2005	2006	2007	2008	2009	2010	2011	2012	2013	2014
新疆	71.74	73.51	77.88	79.04	78.39	78.96	80.56	79.22	77.49	79.65
全国	78.98	79.98	80.99	81.18	82.14	82.57	82.88	83.06	83.14	83.34

资料来源：笔者根据《全国制造业质量竞争力指数公报》整理计算而得。

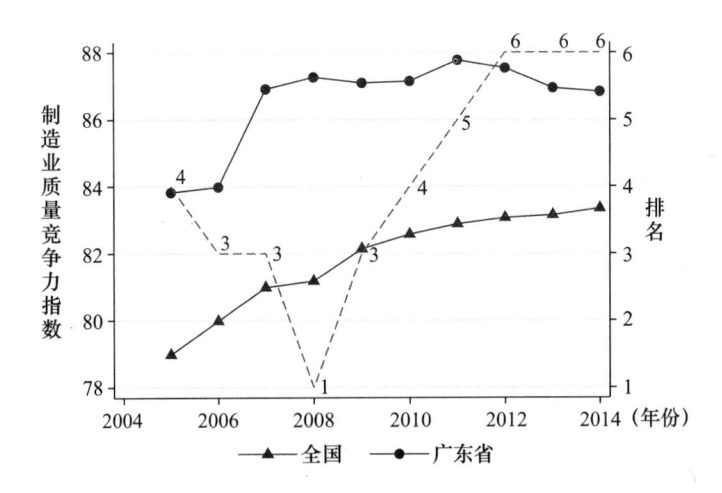

图 4-1 全国和广东省制造业质量竞争力指数及广东排名

资料来源：笔者根据《全国制造业质量竞争力指数公报》整理绘制而得。

第三节 广东省地级市全要素生产率的动态变化

近两年来我国和广东省政府都多次提到全要素生产率对国民经济发展的重要性，在 2016 年的广东省政府工作报告中，前任省长朱小丹同志也两次提到了全要素生产率对经济发展的作用。我们根据广东省 2000~2014 年 21 个地级市的要素资源投入和产出数据，利用本书所提出的序列 DEA 测算方法，衡量出广东省地级市全要素生产率平均增长率。限于篇幅和分析的需要，我们将2001~2014年的测算结果根据我国的五年时期划分为三个阶段：2001~2005年（"十五"时期）、2006~2010年（"十一五"时期）和2011~2014年（几乎覆盖了"十二五"时期），表4-13列举了2001~2014年广东省21个地级市及4个经济发展区域在不同阶段的全要素生产率的增长情况和实际经济增长率（实际GDP增长率）状况（增长率数值均取所在阶段的几何平均值）。对于实际经济增长情况，2001~2014年，广东省的实际经济增长率每年平均约增长12.70%，保持着高速增长的良好态势。在广东省的四个经济发展区域里，珠江三角洲地区在2001~2014年平均的实际经济增长率最高，约为13.30%；其次是粤北山区，GDP每年平均约增长12.83%，高出全省的平均增长率有0.13%。西翼地区的经济每年平均约增长12.13%，增长最慢的是东翼地区，每年平均增长约11.55%，也保持着较高的增长速度，说明了粤东西北地区振兴发展成效明显。具体到各个地区，实际经济增长率高出全省增长率的有广州（12.74%）、深圳（13.36%）、佛山（14.25%）、河源（15.18%）、惠州（13.65%）、汕尾（13.82%）、东莞（14.13%）、中山（14.97%）、阳江（13.07%）、肇庆（13.22%）、清远（15.40%），汕头的经济增长最慢，仅有9.20%，也是唯一一个低于两位数增长率的地区。因此，为了促进广东及其各地区经济发展再上新台阶，广东省必须深入实施珠江三角洲地区优化发展和粤东西北地区振兴发展战略，优化区域生产力布局和产业链对接，促进经济跨区域融合发展，推动粤东西北地区经济振兴发展，为全省经济增长创造有利条件。

对于全要素生产率增长情况，各地区平均的全要素生产率在2001~2014年每年平均增长约1.30%，占经济增长率的10.20%。全省的全要素生产率增长率在每个阶段里呈现出逐步上升的趋势，平均增长率由2001~2005年的-1.15%，提高至2006~2010年的1.44%，再提高至2011~2014年的4.26%。在广东省的4个经济发展区域中，珠江三角洲地区的全要素生产率在2001~2014年以每年平均约3.78%的增长率居于首位，约占该地区经济增长率的28.42%；而且，珠江三角洲地区的全要素生产率的增长率在每个阶段都表现出平稳上升的良好态势，平均增长率由2001~2005年的0.93%，提高至2006~2010年的4.98%，再提高至 2011~2014 年的 5.92%。其他 3 个经济发展较为落后的地区里仅有西翼地区的全要素生产率在 2001~2014 年每年平均保持着约 0.06% 的低增长率，仅占经济增长率的 0.49%，东翼地区和粤北山区的全要素生产率在 2001~2014 年平均增长率为负，分别是 -0.69% 和 -0.90%，粤北山区的全要素生产率的增长绩效最差。即使这三个经济发展区域在整个测算期间保持很低或者负增长，但东翼、西翼和粤北山区这三个经济发展区域的全要素生产率的平均增长率分别由 2001~2005 年的 -3.09%、-0.32% 和 -3.87%，提高至 2006~2010 年的 -1.29%、0.09% 和 -1.97%，再提高至 2011~2014 年的 3.16%、0.51% 和 4.35%，它们的全要素生产率的增长在每个阶段表现出逐步提升的趋势。具体到各个地区而言，在 2001~2014 年，各市的全要素生产率的年平均增长率的表现不一，地区间差异较大，但大部分地区在不同阶段均表现出上升的态势。在 2001~2014 年全要素生产率的年平均增长率保持正增长的地区大部分分布在珠江三角洲地区，主要有广州（8.63%）、深圳（4.51%）、珠海（7.81%）、汕头（1.85%）、佛山（4.21%）、中山（4.65%）、江门（0.51%）、茂名（3.37%）、肇庆（3.79%）、清远（2.47%）、潮州（0.24%），增长最快的是经济发达的广州市，其全要素生产率增长率占经济增长率的 67.69%，其次是珠海，占经济增长率的 64.05%；其余地区均出现负的年均增长，而负增长超过 1% 的地级市有韶关（-1.19%）、梅州（-1.48%）、汕尾（-4.88%）、东莞（-1.17%）、阳江（-1.76%）、湛江（-1.66%）、云浮（-3.83%），增长绩效最差的是汕尾市。从每个发展阶段来看，在"十五"时期，各个地级市的全要素生产率的增长率相差最为悬殊，最高的增长率达 10.84%（广州），最低的增长率竟是 -10.02%（汕尾）；同时，这个时期全要素生产率出现负增长的地级市也是最多的，高达 14 个，占了全省 2/3 的地级市，包括佛山、韶关、惠州、湛江、阳江、揭阳、云浮等，仅有广州、深圳、珠海、汕头等 7 个地级市的全要素生产率出现正增长。在"十一五"时期，各个地级市的全要素生产率的增长率的差距开始缩小，最高的增长率是 10.12%（珠海），最低的增长率是 -8.84%（依然是汕尾）；同时，这个时期全要素生产率出现负增长的地级市数量也开始减少，减少至 10 个，包括韶关、河源、汕尾、东莞、潮州等，占不到全省 1/2 的地区。在"十三五"

的大部分时期（2011~2014年）里，各个地区的全要素生产率的增长率的差距进一步缩小，最高的增长率是8.54%（肇庆），最低的增长率是-3.31%（湛江）；与此同时，这个时期全要素生产率出现负增长的地区数量大幅减少，仅有4个，包括梅州、湛江、茂名、揭阳；其余17个地级市的全要素生产率均出现正增长，河源、汕尾、阳江、云浮这4个地级市的全要素生产率增长在这个时期逆转了之前"十五""十一五"时期的负增长局面。以上这些测算结果表明，广东省作为我国改革开放的"排头兵"，已逐步适应了经济发展的新常态，各地区的经济发展方式和结构调整已取得初步进展，珠江三角洲地区有条件进入以全要素生产率为中心的持续平稳增长期，粤东西北地区具备发挥后发优势、实现又好又快发展的条件，逐步提高全要素生产率，缩小地区间发展差距和不平衡，提升区域一体化水平。

表4-13 广东省地级市全要素生产率平均增长率

地区	全要素生产率增长率（%）				实际经济增长率（%）
	2001~2005	2006~2010	2011~2014	2001~2014	2001~2014
广州	10.84	8.56	6.00	8.63	12.74
深圳	2.66	7.13	3.62	4.51	13.36
珠海	5.02	10.12	8.47	7.81	12.19
汕头	1.12	0.48	4.51	1.85	9.20
佛山	-1.33	9.02	5.47	4.21	14.25
韶关	-5.64	-3.11	7.29	-1.19	11.41
河源	-2.01	-4.54	5.69	-0.80	15.18
梅州	-3.52	0.61	-1.47	-1.48	10.57
惠州	-5.68	0.58	6.37	-0.12	13.65
汕尾	-10.02	-8.84	7.51	-4.88	13.82
东莞	2.70	-6.92	1.54	-1.17	14.13
中山	-1.23	9.40	6.42	4.65	14.97
江门	-3.91	0.30	6.60	0.51	10.94
阳江	-3.50	-5.05	4.85	-1.76	13.07
湛江	-1.20	-0.78	-3.31	-1.66	11.41

续表

指标 年份 地区	全要素生产率增长率（%）				实际经济增长率（%）
	2001~2005	2006~2010	2011~2014	2001~2014	2001~2014
茂名	3.71	6.07	-0.33	3.37	11.89
肇庆	-1.74	5.79	8.54	3.79	13.22
清远	-1.32	4.28	5.09	2.47	15.40
潮州	0.22	-0.66	1.40	0.24	11.30
揭阳	-4.25	3.44	-0.96	-0.62	11.81
云浮	-6.94	-7.38	5.05	-3.83	11.31
珠江三角洲	0.93	4.98	5.92	3.78	13.30
东翼	-3.09	-1.29	3.16	-0.69	11.55
西翼	-0.32	0.09	0.51	0.06	12.13
粤北山区	-3.87	-1.97	4.35	-0.90	12.83
全省	-1.15	1.44	4.26	1.30	12.70

资料来源：笔者计算而得。

第四节 广东省制造业全要素生产率的动态变化

在经济发展的新常态下，各产业部门要实现"去产能""降成本"等目标，必须贯彻落实供给侧结构性改革，促进产业转型升级，推动经济发展的提质增效。广东省在推进结构性改革时确立的总思路是：坚持以质量和效益为中心，以转方式调结构为主线，以创新驱动发展为核心，以提高全要素生产率为关键，以增加有效供给为导向，从扩张主导向质量主导、从要素驱动向创新驱动转变。广东省作为制造业大省，制造业的改革对供给侧结构性改革起着至关重要的作用，而供给侧改革相对需求侧而言，包括了生产要素投入、全要素生产率提高两个基本方面。因此，对广东省制造业全要素生产率的测算和分析是制造业供给侧改革的基础和理论依据，限于篇幅和分析的需要，我们将1999~2014年的测算结果根据我国的 5 年时期划分为 4 个阶段：1999~2000 年（"九五"时期的后两年）、2001~2005 年（"十五"时期）、2006~2010 年（"十一五"时期）和 2011~2014 年（几乎覆盖了"十二五"时期），表 4-14 列举了广东省各个制造业行业 1999~2014 年的全要素生产率和实际工业增加值增长率情况。表中测算结果显示，1999~2014 年，广东省制造业部门的实际工业增加值每年平均增长约 14.95%，一直保持着高速发展的状态。大部分的制造业行业的实际工业增加值增长率在 10%~20%，实际工业增加值增长率年均低于 10% 的行业仅有 3 个，它们分别是烟草制品业（9.26%）、石油加工和炼焦及核燃料加工业（9.10%）、化学纤维制造业（8.97%），增长最慢的行业是化学纤维制造业。各个制造业行业中实际工业增加值年均增长率高于整个制造业年均增长率的行业有 12 个，它们分别是木材加工和木竹藤棕草制品业（15.96%）、印刷和记录媒介复制业（15.87%）、化学原料和化学制品制造业（16.38%）、非金属矿物制品业（15.40%）、黑色金属冶炼和压延加工业（15.23%）、有色金属冶炼和压延加工业（17.84%）、金属制品业（17.40%）、通用设备制造业（16.52%）、专用设备制造业（18.45%）、交通运输（汽车、铁路、船舶、航空航天和其他运输）设备制造业（20.55%）、电气机械和器材制造业（20.09%）、计算机和通信及其他电子设备制造业（23.60%），增长最快的是计算机和通信及其他电子设备制造业，该行业属于高技术制造业。

在全要素生产率增长率方面，广东省整个制造业部门的全要素生产率在 1999~2014 年的年均增长率为 5.91%，占经济增长率的 39.54%。全省制造业行业的全要素生产率在每个阶段里的增速逐步放缓，但依然是保持着持续增长的状态，年均增长率由 1999~2000 年的 9.87% 下降至 2001~2005 年的 6.69%，接着调整至 2006~2010 年的 5.20%，再放缓至 2011~2014 年的 3.91%。具体到各个制造业行业，在 1998~2014 年，有色金属冶炼和压延加工业的全要素生产率以年均增长 10.48% 的速度高居制造业行业的榜首，该行业的全要素生产率的增长率占了该行业实际工业增加值增长率的 58.75%。各个制造业行业中全要素生产率年均增长率高于整个制造业全要素生产率年均增长率的行业也有 12 个，它们分别是农副食品加工业（7.81%）、食品制造业（7.93%）、酒和饮料及精制茶制造业（6.84%）、烟草制品业（8.13%）、纺织业（7.39%）、石油加工和炼焦及核燃料加工业（7.68%）、化学原料和化学制品制造业（9.84%）、非金属制品矿物制造业（8.22%）、有色金属冶炼和压延加工业（10.48%）、交通运输设备制造业（7.78%）、电气机械和器材制造业（7.20%）、计算机和通信及其他电子设备制造业（8.87%）。这些制造业行业的全要素生产率增长率都占了它们各自行业的实际工业增加值增长率的30%以上，所占比重分别是61.99%、53.39%、60.60%、87.82%、56.33%、84.35%、60.03%、53.40%、58.75%、37.84%、35.81%、37.56%，该比重最高的两个行业是烟草制品业、石油加工和炼焦及核燃料加工业。在所有的制造业行业中，仅有家具制造业的全要素生产率在这十几年间总体来说是波动性的负增长（-2.36%）。除了这个负增长的行业，其他制造业行业中全要素生产率年均增长率低于3%的有4个，它们分别是医药制造业（2.30%）、专用设备制造业（2.45%）、仪器仪表制造业（1.40%）和其他制造业（1.10%）。从每个发展阶段来看，大部分制造业行业的全要素生产率增长率的整体趋势都是表现出增幅放缓的节奏，16个行业在这4个发展阶段中均保持着持续增长的状态，而其他制造业行业则在4个发展阶段中表现出波动式增长的态势。综上结果表明，广东省制造业行业在1999~2014年的全要素生产率呈现出波动式的增长趋势，但行业间的增长的差距比较大，增长的稳定性不强，发展不平衡问题依然突出。因此，广东省在未来的经济发展中需要加快制造业等工业的转型升级，认真贯彻落实好《中国制造2025》战略，建设一批智能制造示范基地。各行业要加快技术创新和质量提升，用创新激发各行业的核心竞争力，用质量创新驱动经济发展，提高供给体系质量和全要素生产率，加快推动质量强省建设，从而进一步推进广东省的供给侧结构性改革。

表4-14　广东省制造业全要素生产率平均增长率

指标 年份 制造业	全要素生产率增长率（%）					实际工业增加值增长率（%）
	1999~2000	2001~2005	2006~2010	2011~2014	1999~2014	1999~2014
农副食品	13.22	10.76	7.36	2.25	7.81	12.60

续表

指标 年份 制造业	全要素生产率增长率（%）					实际工业增加值 增长率（%）
	1999~2000	2001~2005	2006~2010	2011~2014	1999~2014	1999~2014
食品制造	18.40	10.75	5.89	2.20	7.93	14.86
饮料制造	18.57	13.66	-1.61	4.06	6.84	11.29
烟草制品	2.27	12.02	8.54	5.90	8.13	9.26
纺织业	11.49	6.64	6.97	6.85	7.39	13.12
服装鞋帽	1.65	-1.03	8.52	5.12	3.75	13.55
皮羽制品	12.55	0.60	4.50	3.57	3.99	11.70
木材加工	22.06	0.55	8.14	2.53	5.90	15.96
家具制造	6.01	4.80	-7.93	-7.71	-2.36	13.60
造纸业	-5.59	5.77	9.59	0.66	4.14	12.74
印刷业	25.06	3.12	1.47	4.15	5.37	15.87
文教体育	7.06	3.89	6.85	1.67	4.63	13.97
石油加工	4.23	8.59	11.99	3.12	7.68	9.10
化学原料	15.30	19.47	0.77	7.48	9.84	16.38
医药制造	2.67	-2.97	6.18	4.14	2.30	12.00
化纤制造	9.87	0.24	8.72	-0.27	3.87	8.97
橡胶和塑料	12.38	1.83	6.27	-3.06	3.20	12.48
非金制品	9.75	10.69	9.40	3.08	8.22	15.40
黑金加工	14.84	1.01	4.97	7.89	5.61	15.23
有色加工	14.10	7.78	20.26	0.84	10.48	17.84
金属制品	13.10	3.69	4.78	5.29	5.57	17.40
通用设备	10.84	11.82	0.02	-3.84	3.88	16.52
专用设备	-5.36	12.05	0.88	-2.86	2.45	18.45
交运设备	6.07	14.74	5.61	3.04	7.78	20.55
电气机械	19.21	7.23	2.40	7.59	7.20	20.09
通信设备	9.94	10.41	-0.07	18.46	8.87	23.60
仪器仪表	10.78	-0.71	-3.23	5.61	1.40	12.26
其他制造业	-11.12	-3.01	2.45	11.71	1.10	10.10
制造业平均	9.87	6.69	5.20	3.91	5.91	14.95

资料来源：笔者计算而得。

第五节 全要素生产率的国际比较

从图4-2的情况来看，虽然我国的全要素生产率在近年来出现了快速的增长，但是其水平跟美国、德国、英国和日本相比，仍存在较大的差距。从德国的情况来看，其自1950年以来，不断实行"以质量推动品牌建设，以品牌主推产品出口"的质量政策，全要素生产率也保持着较高的水平，而且同美国的差距在不断缩小。

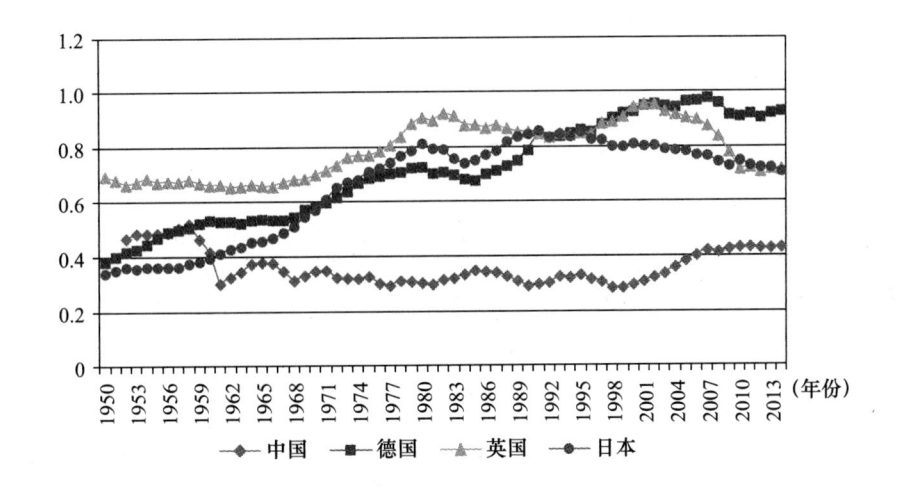

图4-2 中国、德国、英国和日本历年的全要素生产率值

注：全要素生产率值是按照当前购买力平价来计算，美国的全要素生产率值均取值1。
资料来源：PWT 9.0。

如图4-3所示，中国自1981年后，其全要素生产率才开始出现稳定快速的增长，而且相对于美国、德国、英国和日本等发达国家，速度更快。自美国次贷危机爆发以来，全球经济陷入萧条和"长期停滞"，我国全要素生产率的增长率出现了大幅下滑。虽然比美国、德国、英国和日本等发达国家略高，但是自2014

年来看，我国全要素生产率增长率已经跟发达国家并无二致。

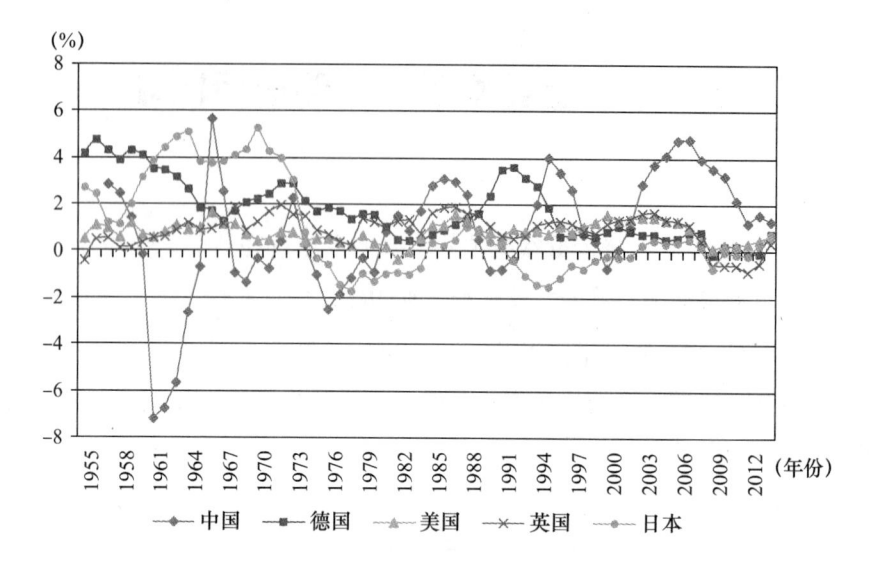

图 4-3　中国、德国、美国、英国和日本历年的全要素生产率增长率（5 年平均）

注：全要素生产率增长率是按照国内固定价格来计算（2011 = 100）。

资料来源：PWT 9.0。

从国家层面上来看，我国的全要素生产率增长率已实现高速发展，但就广东省 21 个地级市来看情况并非如此，与世界其他各国的增长情况仍存在一定差距。以中国为参照，具体而言，广州、深圳、佛山、茂名、肇庆、中山和珠海等地区的情况要好于全国的情况，而其他地区则比全国的情况要差很多（见表 4-15）。

表 4-15　广东省各地级市全要素生产率与我国总体对比

（全要素生产率增长率取 5 年均值）

年份 地区	2005	2006	2007	2008	2009	2010	2011	2012	2013	2014
潮州	0.22	0.45	0.80	0.59	-0.25	-0.63	-1.11	-2.11	-1.52	0.82
东莞	3.17	-1.29	-4.54	-5.69	-8.23	-6.87	-6.46	-4.90	-2.52	0.23
佛山	-1.31	0.47	3.75	7.10	6.84	9.25	8.85	6.80	4.98	6.06
广州	10.87	10.29	8.97	7.15	8.41	8.65	8.07	8.50	9.14	6.31

续表

年份 地区	2005	2006	2007	2008	2009	2010	2011	2012	2013	2014
河源	-1.99	-3.04	-4.12	-4.69	-4.67	-4.53	-3.02	-0.89	1.55	3.94
惠州	-5.60	-5.59	-6.07	-6.56	-4.16	0.89	2.84	5.27	8.36	7.73
江门	-3.87	-2.20	-0.82	-1.04	-1.86	0.44	2.27	3.36	5.21	7.23
揭阳	-4.17	-1.21	1.17	2.19	3.59	3.45	1.86	-0.07	-0.78	-0.30
茂名	3.72	5.12	6.35	6.34	6.38	6.09	4.43	2.96	2.37	0.70
梅州	-3.50	-4.16	-3.46	-2.28	-1.35	0.63	1.69	1.18	0.43	-0.50
清远	-1.31	-1.52	-2.02	0.93	1.97	4.43	5.86	6.86	5.75	6.29
汕头	1.20	3.15	3.74	2.69	1.59	0.52	-0.76	0.03	1.84	3.38
汕尾	-9.60	-13.00	-15.78	-15.72	-14.29	-8.42	-2.85	1.63	4.93	7.83
韶关	-5.59	-4.57	-2.80	-2.43	-1.96	-3.02	-1.53	-0.44	1.97	4.43
深圳	2.87	2.43	3.66	5.30	4.06	7.20	7.88	6.50	3.81	4.33
阳江	-3.50	-3.05	-2.88	-3.32	-4.30	-5.01	-6.41	-3.33	-0.05	2.58
云浮	-6.93	-6.55	-6.14	-6.39	-7.38	-7.31	-6.26	-3.41	-0.97	2.35
湛江	-1.19	-1.08	-0.47	-0.74	-0.89	-0.75	-1.57	-3.10	-3.65	-2.76
肇庆	-1.65	0.86	2.61	3.33	4.01	5.86	7.23	8.07	9.17	9.64
中山	-1.12	0.89	4.21	6.75	8.62	9.43	10.56	9.83	8.85	7.45
珠海	5.07	6.73	9.57	9.96	10.03	10.17	10.03	8.16	8.63	8.97
中国	**4.13**	**4.78**	**4.82**	**3.97**	**3.55**	**3.24**	**2.19**	**1.23**	**1.58**	**1.31**

如图4-4所示，自2001年以来，广州、深圳、珠海、汕头、佛山等地级市的全要素生产率的增长主要依赖于技术进步的加快，即这些地级市一直扮演着全省全要素生产率增长引擎的角色，推动前沿面的不断前移；而茂名、肇庆等地级市全要素生产率的增长主要取决于效率的改善，即它们不断向广州、深圳、珠海、汕头、佛山等所代表的前沿不断靠近，缩小差距，进而实现全要素生产率的提高。其他地级市的全要素生产率的增长率为负，绝大部分还是由于效率改进为负，即离广州、深圳、珠海、汕头、佛山等所代表的前沿的差距在不断扩大，而这种情况在汕尾、云浮等地更加严重。总体来看，广东各地级市存在三种不同类型的发展阶段，首先，广州、深圳、珠海、汕头、佛山等地级市是广东省全要素

生产率进步的主要推动者；其次，茂名、肇庆等地级市是积极的追赶者，正努力向广州、深圳、珠海、汕头、佛山等地级市所代表的前沿靠拢；最后，其他地级市虽然自身也在努力发展，它们的技术进步的增长率均为正，但是相对较慢，与广州、深圳、珠海、汕头、佛山的全要素增长不同步，这是广东省未来政策需要重点关注的地方。

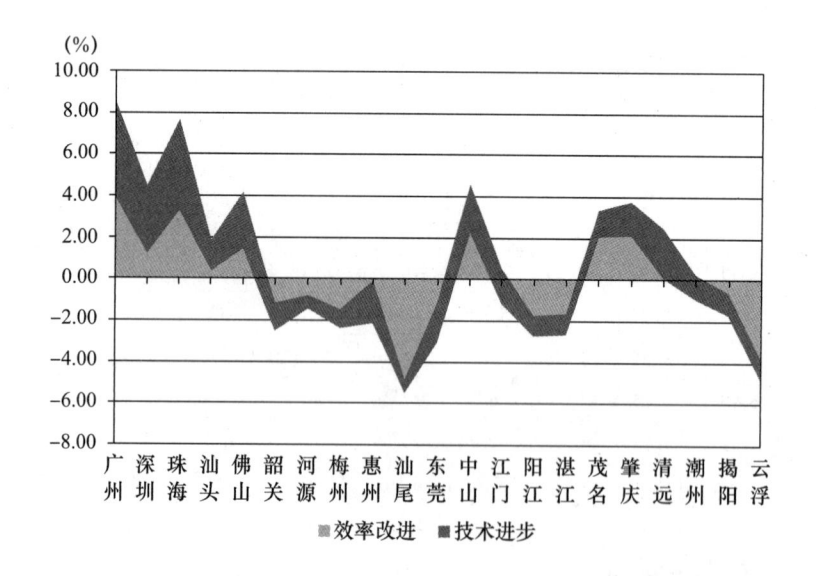

图 4-4　广东省各地级市 2001~2014 年全要素生产率增长率的分解

2001~2005 年的情况与 2001~2014 年的情况比较类似，但是仅广州、茂名的效率进步为正，而且地级市均为负数。在此期间，全部地级市主要依靠技术进步来提升全要素生产率（见图 4-5）。

2005~2010 年，广东省 21 个地级市的全要素生产率提升主要依赖于效率的进步，特别是广州、深圳、珠海、佛山和中山等地级市（见图 4-6）。技术进步的情况都不乐观，接近于 0，这主要是在此期间爆发了国际金融危机。

2011~2014 年，广州、深圳和珠海全要素生产率的增长主要依赖于技术进步，而其他地级市仍然依靠效率的提升，梅州、湛江、茂名和揭阳的效率进步为负（见图 4-7）。由此，依靠技术进步的地级市应该兼顾效率改善，同样其他依赖效率改善的地级市在技术创新方面仍旧存在一定问题,应该根据自身特点多发挥优势技术对生产的推动作用。

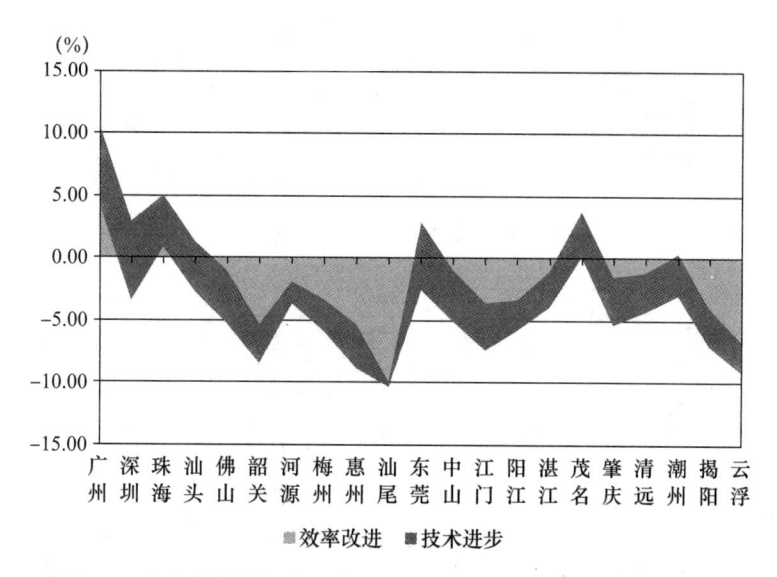

图4-5 广东省各地级市2001~2005年全要素生产率增长率的分解

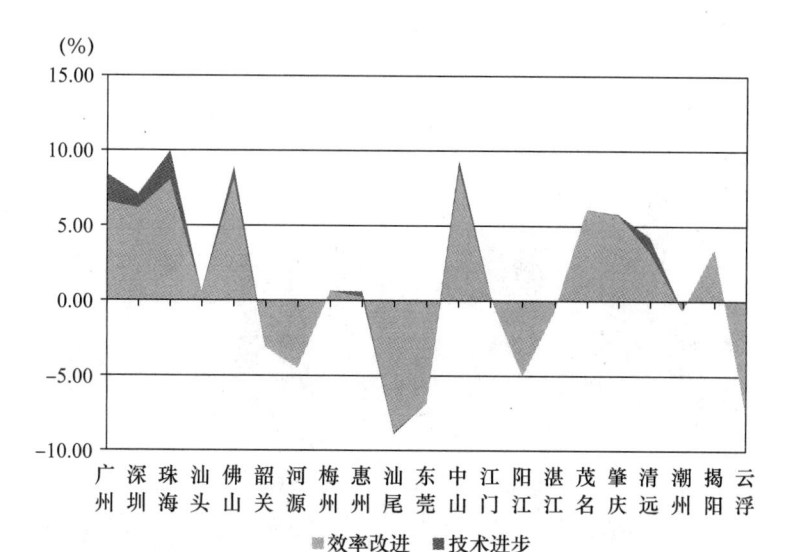

图4-6 广东省各地级市2005~2010年全要素生产率增长率的分解

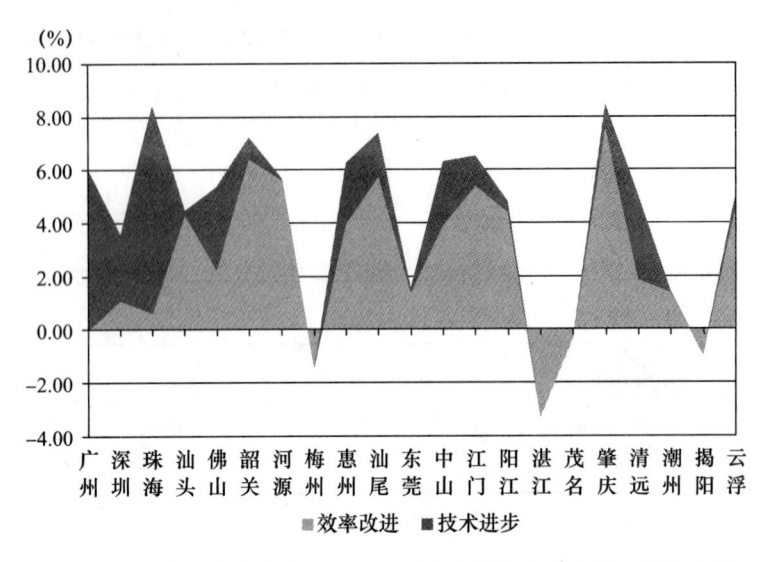

图4-7 广东省各地级市2011~2014年全要素生产率增长率的分解

从全国的情况来看，广东省在2001~2014年全要素生产率的增长主要依靠技术进步（见图4-8），整体情况较好。虽然效率进步的贡献较小，但是其依然为正，说明其离全国情况好的省份所代表的前沿差距较小。但具体进行分阶段分

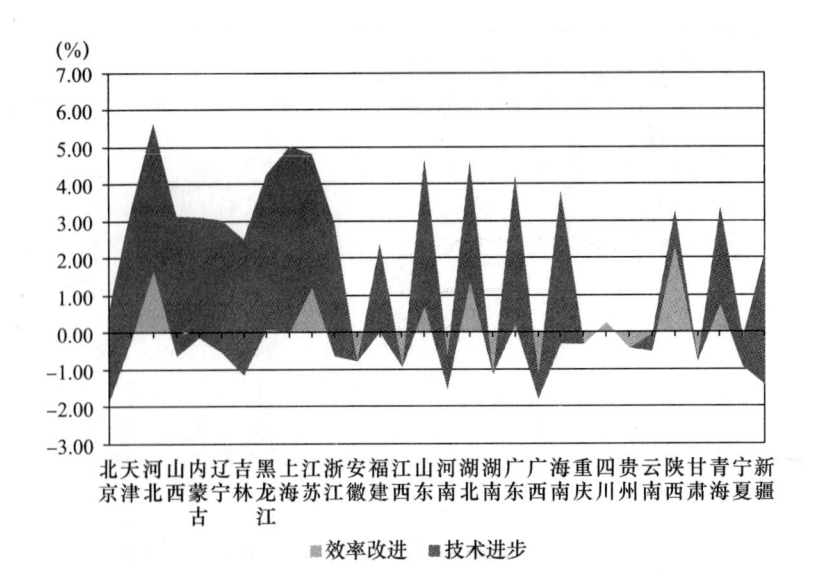

图4-8 全国2001~2014年全要素生产率增长率的分解

·90·

析，可以发现广东省在国际金融危机发生后，效率进步给全要素生产率增长所带来的贡献为负，说明金融危机对广东省全要素生产率进步的影响较大。虽然这种影响在 2011 年后逐渐减小，但是这种负面的影响已经减缓了广东省追赶的脚步。

第五章 广东省制造业质量创新评价指标体系构建

第一节 质量创新能力评价指标体系

根据第一部分的分析可知,质量创新需要从多个方面和维度进行考察。我们既需要观测某一方面指标的变化情况,还需要进行综合性评价,分析质量管理的整体情况。从既有研究来看,质量创新综合评价的方法有很多可选项,包括专家评价法、主成分分析法(Principal Component Analysis)、模糊评价法、层次分析法、数据包络分析法、神经网络法等。其中,主成分分析法是现代综合评价方法之一,能够进行相对客观和科学的评价,比较适合本书的研究目标,因此,本书将选择此方法构建综合性评价指标。

主成分分析方法旨在利用降维的思想,把多指标转化为少数几个综合指标,其中每个主成分都能够反映原始变量的大部分信息,且所含信息互不重复。这种方法在引进多方面变量的同时将复杂因素归结为几个主成分,使问题简单化,同时得到的结果更加科学有效。

国家质检总局之前也制定并发布了"质量竞争力指数",它是按照特定的数学方法生成的、用于反映我国制造业质量竞争力整体水平的经济技术指标。它包括2个二级指标（质量水平和发展能力）、6个三级指标（标准与技术水平、质量管理水平、质量监督与检验水平、研发与技术改造能力、核心技术能力和市场适应能力）与12个统计指标（产品质量等级品率、微电子控制设备比重、质量管理体系认证率、质量损失率、产品监督抽查合格率、出口商品检验合格率、研究与试验发展经费比重、技术改造经费比重、每百万元产值拥有专利数、新产品销售比重、平均产品销售收入和国际市场销售率）。① 本书所采纳的方法和指标也会参考上述成果，但是本书的分析主要是着重分析广东省各地级市的制造业质量管理的情况，因此又会进行改进和创新。

本书首先从理论上构建我国质量创新能力评价指标体系（见表5-1），进而根据数据可获得性进行实证分析，评价广东省各地级市制造业的质量创新能力。质量创新能力评价指标体系首先分成三个层次，用于反映各地级市制造业质量创新整体水平的经济技术指标。第一级指标反映广东省各地级市制造业质量创新总体发展情况，以质量创新指数表示；第二级指标包括质量人力资本、企业质量能

表5-1 质量创新能力评价指标体系

一级指标	二级指标	三级指标	单位	权重
质量创新指数	质量人力资本（1/5）	质量类工程师数量	人	1/4
		研发活动人员占从业人员的比重	%	1/4
		员工平均受教育年限	年	1/4
		员工取得的质量类职业资格证书数量	项	1/4
	企业质量能力（1/5）	制造业产品质量合格率	%	1/4
		质量管理体系认证率	%	1/4
		计量保证和测量管理体系认证率	%	1/4
		设立"首席质量官"企业数	家	1/4
	产业结构质量（1/5）	先进制造业增加值占工业增加值的比重	%	1/7
		高技术制造业增加值占工业增加值的比重	%	1/7
		新产品销售收入占产品销售收入的比重	%	1/7

---

① 资料来源于中国质量新闻网，http://www.cqn.com.cn/news/zgzljsjd/957543.html。

续表

一级指标	二级指标	三级指标	单位	权重
质量创新指数	产业结构质量 (1/5)	新产品出口收入占产品销售收入的比重	%	1/7
		研发经费占产品销售收入比重	%	1/7
		产品质量优等品率	%	1/7
		单位GDP能耗下降比率	%	1/7
	质量技术基础 (1/5)	严于地方及以上标准的企业标准制定数	项	1/7
		承担国际标准组织技术机构秘书处数量占比	%	1/7
		得到国际承认的校准测试能力数	项	1/7
		获得认可的检验检测机构数	个	1/7
		国家或省级公共检测服务平台数	个	1/7
		每百万元产值拥有专利数	个/百万元	1/7
		专利标准转化率	%	1/7
	质量文化意识 (1/5)	质量问题举报投诉受理量	宗	1/4
		拥有世界知名和省名牌产品数	个	1/4
		企业质量信用档案建档数	个	1/4
		中小学质量教育社会实践基地数	个	1/4

力、产业结构质量、质量技术基础和质量文化意识5个方面的创新发展情况；第三级指标用以具体反映构成质量创新能力的各方面情况。质量创新指数通过对各个统计指标分地区的原始数据进行标准化转化，再对相应的标准化得分进行线性加权的方法计算获得，在理论研究中我们假设二级指标权重是一样的，即每个二级指标的权重为1/5，各三级指标权重由二级指标下面的三级指标数所决定。上述所用的指标简要说明如下：

一、质量人力资本

质量人力资本主要反映了企业在质量管理方面的人力资本的积累，是企业进行质量管理和创新的基础。主要包括质量类（包括质量、标准、计量）工程师数量、研发活动人员占从业人员的比重、员工平均受教育年限、员工取得的质量类职业资格证书数量4个指标。

1. 质量类工程师数量

质量类工程师数量主要是指质量、标准、计量等工程师的数量，反映了企业的质量人力资源。

2. 研发活动人员占从业人员的比重

研发活动人员占从业人员的比重是指按企业所拥有的研发人员与企业所有从业人员的比值，该指标反映企业自主创新人力的投入规模和强度。

3. 员工平均受教育年限

员工平均受教育年限是指企业员工的受教育程度，包括中学、专科、本科、研究生学习年限等。

4. 员工取得的质量类职业资格证书数量

员工取得的质量类职业资格证书数量是指企业员工通过质量类职业资格考试，并获取相关证书的数量，是所有员工取得的所有证书数量的总和。

二、企业质量能力

企业质量能力主要反映企业在质量创新管理方面的综合水平，是提高企业产品质量的核心竞争力的关键因素。该指标主要用制造业产品质量合格率、质量管理体系认证率、计量保证和测量管理体系认证率、设立"首席质量官"企业数4个指标反映出来。

1. 制造业产品质量合格率

制造业产品质量合格率是指接受国家质量监督部门抽查的制造业产品中，属于合格品的样品数所占的比率，反映了企业自检合格产品的符合性质量。

2. 质量管理体系认证率

质量管理体系认证率是指每万元工业产值中质量管理体系认证证书的比例，用于反映质量管理基础能力。

3. 计量保证和测量管理体系认证率

计量保证和测量管理体系认证率是指每万元工业产值中计量保证体系和测量管理体系认证证书的比例，反映了质量管理的创新能力。

4. 设立"首席质量官"企业数

设立"首席质量官"企业数是指各个地级市所有企业中设立"首席质量官"的企业数量。首席质量官又称质量总监，作为企业中的第一质量人，负责创建以品质为核心的企业文化，塑造企业质量竞争力。

三、产业结构质量

产业结构质量反映各地级市追求更高增长质量和效益的产业结构调整，产业结构将朝着由价值链低端向中高端跃升、经济发展由要素驱动向创新驱动转换、由高碳模式向低碳模式转型。主要用先进制造业增加值占工业增加值的比重、高技术制造业增加值占工业增加值的比重、新产品销售收入占产品销售收入的比重、新产品出口收入占产品销售收入的比重、研发经费占产品销售收入比重、产品质量优等品率、单位GDP能耗下降比率7个指标反映。

1. 先进制造业增加值占工业增加值的比重

先进制造业增加值占工业增加值的比重是指广东省各地级市先进制造业部门的工业增加值与规模以上工业增加值的比值，反映了先进制造业行业在工业行业中的产业质量水平。

2. 高技术制造业增加值占工业增加值的比重

高技术制造业增加值占工业增加值的比重是指广东省各地级市高技术制造业部门的工业增加值与规模以上工业增加值的比值，反映了高技术制造业行业在工业行业中的产业质量水平。

3. 新产品销售收入占产品销售收入的比重

新产品销售收入占产品销售收入的比重是指新产品销售收入总额占产品销售收入总额的比率，反映了企业新产品的开发能力。

4. 新产品出口收入占产品销售收入的比重

新产品销售收入占产品销售收入的比重是指新产品中出口销售收入总额占产品销售收入总额的比率，反映了质量创新后的产品在国际市场上的竞争力。

5. 研发经费占产品销售收入比重

研发经费占产品销售收入比重是指企业中研究与试验发展经费支出总额与产

品销售收入总额的比率,反映了企业研发投入的强度。

6. 产品质量优等品率

产品质量优等品率是指企业按照不同层次标准组织生产与经营活动时,根据标准水平划分,质量在优等水平的加权产品产值之和与同期工业总产值的比率,反映企业产品结构水平。

7. 单位GDP能耗下降比率

单位GDP能耗是指各地级市制造业中能源消耗量与地区生产总值的比值,该比率的下降程度反映了企业产品在节能减排标准方面的质量提升,符合绿色质量生产水平。

四、质量技术基础

质量技术基础是有效落实"以提高发展质量和效益为中心"要求的强力技术支撑,是经济和社会活动的技术依据。质量技术基础是指一个国家和地区建立和执行计量、标准、认证认可、检验检测等所需质量体制机制框架的统称,既包括法规体系、管理体系等"软件"设施,也包括检验检测仪器设备、实验室等"硬件"设施。主要包括严于地方及以上标准的企业标准制定数、承担国际标准组织技术机构秘书处数量占比、得到国际承认的校准测试能力数、获得认可的检验检测机构数、国家或省级公共检测服务平台数、每百万元产值拥有专利数、专利标准转化率7个指标。

1. 严于地方及以上标准的企业标准制定数

严于地方及以上标准的企业标准制定数是指企业制定严于国际、国家、行业或地方质量标准的企业标准数量。

2. 承担国际标准组织技术机构秘书处数量占比

国际标准组织技术机构秘书处主要是为人们制定国际标准达成一致意见提供一种机制服务的机构,各地级市承担国际标准组织技术机构秘书处数量占全省数量的比重反映了质量技术参与程度。

3. 得到国际承认的校准测试能力数

校准和测量能力是国际计量界为实现各国校准测量数据全球等效一致而采用

的一种重要评价形式，是质量体系有效和能力具备的重要标志。近年来，随着国家对计量科技的重视和投入程度的提高，我国计量科技整体实力得到明显提升。得到国际承认的校准测试能力数可以反映我国质量技术基础。

4. 获得认可的检验检测机构数

国家认证认可监督管理委员会和各省、自治区、直辖市人民政府质量技术监督部门依照相关法律法规的规定，对检验检测机构的基本条件和技术能力是否符合法定条件和要求而实施的考核认定，从而判断是否获得认可。

5. 国家或省级公共检测服务平台数

国家层面或者省级层面的，以市场需求为导向，通过整合、利用、优化配置社会上有资质的检测检验资源，为企业提供检验检测、认证测试、计量校准的专业化平台。

6. 每百万元产值拥有专利数

每百万元产值拥有专利数是指企业每百万元工业总产值所拥有的专利数，反映了企业自主创新能力。

7. 专利标准转化率

专利标准转化率是指专利创新成果转化为商业开发产品的比率，反映了企业专利质量的技术基础。

五、质量文化意识

质量文化意识反映了质检部门对质量诚信体系、品牌培育激励等质量管理体制机制建设，深入开展质量强省、强市、强县活动的重视和实践程度，同时也折射出质监部门着力维护消费品安全，加强缺陷产品召回管理，加大监督抽查力度。质量文化意识是当地政府、企业和居民对产品质量的关注的反映。主要包括了质量问题举报投诉受理量、拥有世界知名和省名牌产品数、企业质量信用档案建档数、中小学质量教育社会实践基地数4个指标。

1. 质量问题举报投诉受理量

质量问题举报投诉受理量是指质监部门接到并受理群众对产品质量问题举报投诉的数量，反映了消费者对产品质量问题的重视程度。

2. 拥有世界知名和省名牌产品数

拥有世界知名和省名牌产品数是指企业生产的产品中所拥有的世界知名品牌商标、省级名牌商标的产品数量，反映了企业对产品质量和形象创新的成果。

3. 企业质量信用档案建档数

企业质量信用档案建档数是指各地级市所有企业中有建立企业质量信用档案的企业数量，企业质量信用档案反映了企业质量信用等级，主要来自政府质量管理部门对企业一般性违规或失信行为的原始记录。

4. 中小学质量教育社会实践基地数

中小学质量教育社会实践基地数是指各地级市建立中小学质量教育社会实践基地的数量，中小学质量教育社会实践基地通过具体的产品生产、管理和质量检验检测等实践活动，适合不同年级学生认知水平，生动地向中小学生讲解产品质量的基本含义，普及质量法律知识，了解质量管理基本内容，懂得标准和标准化在生产中的作用，理解质量创新是保障品牌具有竞争力的道理。

第二节 广东省制造业质量管理与创新概况

实证分析将从上述理论指标体系中的质量人力资源、质量管理能力、产业结构质量优化、质量技术基础、质量文化和意识5个方面构造质量创新指数，同时进行实证分析，评价广东省各地级市制造业质量创新能力。但由于数据可获得性，本书无法获得所有理论指标体系的指标数据，所以只选取统计中可获得的数据进行实证研究，待以后数据全部可获得后，可以根据理论指标体系进行实证分析。

为了防范武断的判断和分析，本书并不会对每个指标的权重进行赋值，而是通过数据驱动方法进行赋值。

一、质量人力资本

质量人力资本主要反映了企业在质量管理方面的人力资本的积累。这也是企业进行质量管理和创新的基础。但是目前在这方面的数据披露较少，故实证研究将采用代理变量以进行测度、反映。未来，本项目组将进一步通过实地调研等途径获取更加具体的数据。本书将用"各市工业企业研发活动人员数"和"各市县级及以上政府部门属研究与开发机构科技活动人员数"两个指标代替。我们认为，具有更高水平的质量管理方面的人力资源积累，包括企业家、质量工程师、技术工人等，才能在标准创新和标准评定上成为领头企业，发挥领先作用。因此，以上指标本身就反映了质量人力资本状况。

从各市工业企业研发活动人员数看出，深圳市在所有21个地级市里面处于绝对领先地方，其工业企业研发活动人员数目远高于其他各市，广州市位于第二位，佛山市列于第三。从时间趋势来看，深圳市的研发人员从2013年到2015年逐年减少，而广州市的情况则是逐年增多（见图5-1）。

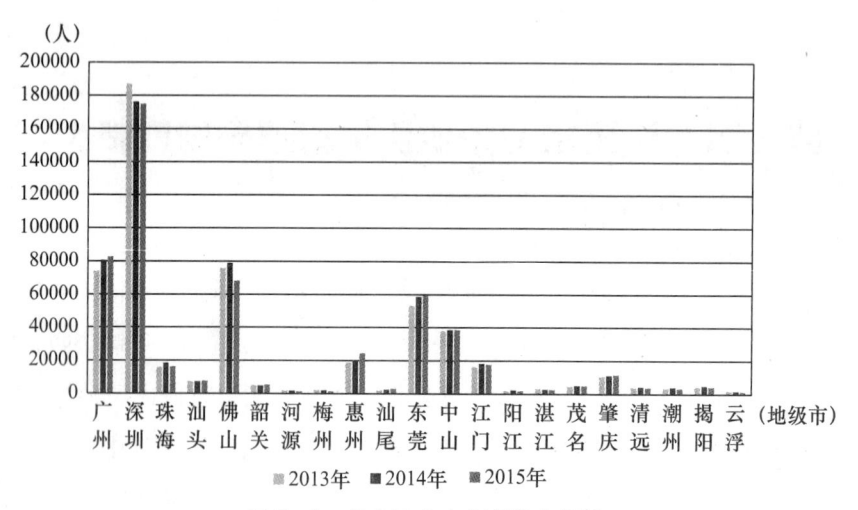

图5-1 各市工业企业研发人员数

从"各市县级及以上政府部门属研究与开发机构科技活动人员数"指标看出，广州市远远高于其他市位于首位，深圳市位于第2位，但与广州的距离相差很大（见图5-2）。

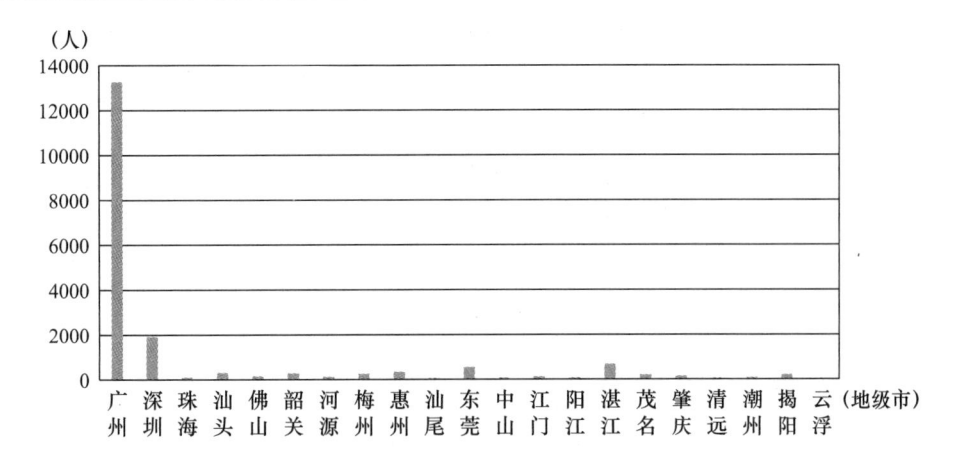

第五章　广东省制造业质量创新评价指标体系构建

图 5-2　2015 年各市县级及以上政府部门属研究与开发机构科技活动人员数

二、企业质量能力

提高质量能力，是提升企业特别是制造业的核心竞争力的中心环节。通过不断提高质量能力，企业管理者就能对其产品或服务的质量满怀信心，使这种既让顾客满意又为企业增加利润的产品的生产规模和市场不断扩大。由于数据可获得性，本书在此通过产品抽查合格率的情况来反映一个企业的质量能力。

对于产品抽查合格率，21 个地级市的情况较类似，不过广州、中山、湛江等部分地区的合格率低于 85%。

三、质量产业结构优化

质量产业结构优化是指通过产业调整，使各产业实现协调发展，满足社会不断增长的需求的过程合理化和高级化。反映了技术进步，并使产业结构整体素质和效率向更高层次不断演进的趋势和过程，即也显示了产业转型和升级的过程。由于本书主要针对制造业进行分析，因此，此处选择先进制造业在工业中的比重作为测度指标。先进制造业是我国不久前提出的经济概念，就是广泛采用先进技术和设备、现代管理手段和制造模式，科技含量较高的制造业形态。就产业优化而言，广东省各地区的具体数据如表 5-2 所示。

表5-2 广东省各地区先进制造业增加值占规模以上工业比重（%）

年份 地区	2009	2010	2011	2012	2013	2014
广州	63.26	61.58	59.90	58.22	55.10	55.31
深圳	72.24	71.62	71.00	70.38	71.36	72.56
珠海	42.44	43.22	44.00	44.78	45.69	46.79
汕头	17.28	16.89	16.50	16.11	13.72	13.35
佛山	32.38	32.09	31.80	31.51	32.38	31.56
韶关	36.14	34.02	31.90	29.78	31.59	31.10
河源	18.68	25.79	32.90	40.01	44.28	43.38
梅州	19.20	19.30	19.40	19.50	19.32	21.54
惠州	63.60	64.60	65.60	66.60	66.31	62.88
汕尾	22.10	23.25	24.40	25.55	27.82	26.53
东莞	42.24	42.22	42.20	42.18	46.17	45.67
中山	30.54	31.42	32.30	33.18	34.64	35.30
江门	38.70	36.95	35.20	33.45	31.39	38.61
阳江	30.70	28.50	26.30	24.10	20.15	17.28
湛江	50.72	50.56	50.40	50.24	49.70	47.10
茂名	80.00	76.55	73.10	69.65	67.29	62.30
肇庆	36.82	35.71	34.60	33.49	33.40	32.21
清远	12.96	12.73	12.50	12.27	12.75	15.15
潮州	4.52	6.31	8.10	9.89	8.92	8.53
揭阳	31.24	27.12	23.00	18.88	17.63	18.73
云浮	19.70	19.95	20.20	20.45	19.96	18.58

资料来源：2010~2015年《广东统计年鉴》，2009~2010年数据缺失，笔者通过插值法补齐。

根据表5-2，我们可以发现，深圳、茂名、惠州、广州和湛江等地级市的先进制造业在规模以上工业增加值中的比重较高，而其他地级市，先进制造业的比重相对较低，潮州在21个地级市中是最低的。从历年变化来看，大部分地级市的先进制造业所占比重起伏不大，河源自2009年以来出现了持续的增长；阳江、揭阳等地方出现了持续的退步，先进制造业在规模以上工业增加值中的比重不断下降。

四、质量技术基础

质量技术基础是提升质量管理的重要目标和手段,是中央政府一直强调的[①]。参照国家质检总局所发布的"质量竞争力指数"的构造方法,同时,也结合现有数据的可获性和统计指标的一致性,对于质量管理的技术基础,我们主要考虑了以下指标:企业采标完成数量和制定高于国际、国家、行业标准的企业标准数;企业计量保证情况,包括获得二级计量保证体系和三级计量保证体系的企业数量。总体而言,技术基础主要考虑2个二级子指标,对于企业采标情况,包含2个三级子指标,而企业计量保证情况,也包括2个三级子指标。具体情况如表5-3所示。

表5-3 广东省各地级市质量管理的技术基础

指标 地区	二级计量保证 体系(家)	三级计量保证 体系(家)	制定严于国际、国家、行业或 地方标准的企业标准(项)	企业采标完成数 (项)
广州	22	87	2099	271
深圳	5	39	1306	261
珠海	47	25	247	68
汕头	25	118	117	142
佛山	146	99	512	179
韶关	7	38	11	31
河源	9	37	1	20
梅州	25	62	3	31
惠州	9	58	83	90
汕尾	5	17	0	23
东莞	3	10	770	196
中山	38	53	503	202
江门	8	48	48	67
阳江	9	44	26	33

[①] 李传卿.国家技术监督局李传卿局长纵论加强企业质量管理和技术基础工作[J].城市技术监督,1997(5).

续表

地区\指标	二级计量保证体系（家）	三级计量保证体系（家）	制定严于国际、国家、行业或地方标准的企业标准（项）	企业采标完成数（项）
湛江	8	81	52	41
茂名	18	97	99	47
肇庆	36	113	22	45
清远	17	56	16	35
潮州	18	30	45	97
揭阳	17	30	93	61
云浮	16	82	7	22
均值	23	58	288	93

根据表5-3，我们可以发现：2009~2014年，获得二级计量保证体系和三级计量保证体系的企业在佛山、珠海、汕头、肇庆等地级市分布更多，而深圳和广州则相对较低。对于制定严于国际、国家、行业或地方标准的企业标准（项），广州和深圳均处于绝对优势地位，分别达到了2099项和1306项。此外，广州、深圳、东莞、中山、佛山和汕头在企业采标上也处于领先地位。

从广州、深圳和其他地级市的历史情况来看，二级计量保证体系（家）、三级计量保证体系（家），制定严于国际、国家、行业或地方标准的企业标准（项）和企业采标完成数四项指标在6年期间变化不大，其中，广州和深圳在前两项上基本保持很低的增长速度，而其他地级市在保持着强势增长，特别是三级计量认证方面。对于后两项指标，广、深两地始终保持着优势地位，特别是在制定严于国际、国家、行业或地方标准的企业标准上（见表5-4）。

表5-4　广州、深圳和其他地级市技术基础发展情况

地区	年份	二级计量保证体系（家）	三级计量保证体系（家）	制定严于国际、国家、行业或地方标准的企业标准（项）	企业采标完成数（项）
广州	2009	22	71	2191	260
	2010	22	57	1875	262
	2011	21	190	2061	241

续表

地区	年份	二级计量保证体系（家）	三级计量保证体系（家）	制定严于国际、国家、行业或地方标准的企业标准（项）	企业采标完成数（项）
广州	2012	25	38	2086	268
	2013	24	85	2295	307
	2014	15	78	2083	286
深圳	2009	11	3	110	230
	2010	0	220	1345	239
	2011	1	7	1438	260
	2012	1	2	1711	307
	2013	9	0	1754	268
	2014	6	3	1476	260
其他	2009	159	971	1681	1174
	2010	325	579	1318	1266
	2011	342	1047	2212	1401
	2012	660	1075	3796	1595
	2013	488	1046	3803	1775
	2014	907	1917	3388	1706

五、质量文化和意识

质量文化和意识主要反映了当地政府、企业和居民对产品质量的关心和关注。制造业管理质量的提升不仅取决于企业自我发展的主观意愿，还有赖于其他微观主体的意愿和互动。如今，随着经济的发展和人民收入水平的提高，大家对产品质量的关注越来越高，这也刺激了企业努力提高质量管理，进而维护自己的竞争优势和市场地位。这也是相对于国家质检总局提出的"制造业质量竞争力指数"增加的另一个维度的测度和指标。

根据相关文献和数据的可获性和完整性，我们选用省级名牌产品数量受理举报投诉（宗）这两个指标作为测度变量。它们反映了居民和企业对质量管理的关注和重视，也简要地展现了当地的质量文化和意识。截至2014年，广东省全省共计有省名牌产品1762个，而在2009年是1113个，5年期间的增长率分别达到了58.5%，实现了较为快速的发展。从区域发展来看，广州和深圳表现最好，而佛山、东莞和中山其次，其他17个地级市较为一般，其中汕尾表现最为落后。2009~2014年，受理举报投诉的情况在广州和深圳最高，均超过了1000次，而在其他19个地级市则相对较少。

第三节 广东省制造业质量创新评价指标构建

整体而言，本书所构建的质量创新评价指标体系包括5个方面的指标，即质量人力资源、质量管理能力、产业结构质量优化、质量技术基础及质量文化和意识。而且，每个指标进一步细分为一个或者多个子指标，在数据可获性和完整性的前提下，尽可能地从多个维度来刻画、描述广东省制造业质量创新的情况。同时，考虑子指标之间可能存在共线关系，本书将采用主成分分析方法提炼信息，降低信息的维度，构造综合指数。各个子指标的统计描述如表5-5所示。

表5-5 广东省制造业质量创新评价指标的统计描述

类别	Variables	Obs	Mean	Std. Dev.	Min	Max
质量人力资源	分市工业企业R&D活动人员数（名）	126	25443	41824	1285	174953
	各市县级及以上政府部门属研究与开发机构科技活动人员数（名）	126	907	2860	41	13260
质量管理能力	产品抽查合格率	126	91.25	5.62	70.20	100.00
产业结构质量优化	产业结构优化	126	35.92	18.54	4.52	80.00
质量技术基础	二级计量保证体系（家）	126	23.09	42.77	0.00	380.00
	三级计量保证体系（家）	126	58.29	55.57	0.00	316.00
	制定严于国际、国家、行业或地方标准的企业标准（项）	126	288.40	545.32	0.00	2295.00
	企业采标完成数	126	93.37	83.07	18.00	317.00

续表

类别	Variables	Obs	Mean	Std. Dev.	Min	Max
质量文化和意识	省名牌产品累计数（个）	126	60.94	59.48	4.00	257.00
	受理举报投诉（宗）	126	306.25	564.86	10.00	3336.00

第四节 广东省制造业质量创新绩效评估

KMO（Kaiser - Meyer - Olkin）检验统计量是用于比较变量间简单相关系数和偏相关系数的指标。KMO统计量取值在0~1。当所有变量间的简单相关系数平方和远远大于偏相关系数平方和时，即KMO值接近1，意味着变量间的相关性越强，原有变量越适合做因子分析和主成分分析。从表5-6的结果来看，10个变量的总体KMO值为0.8312，大于0.8，表明十分适合采用主成分分析方法进行分析。

表5-6 KMO检验

项目		KMO
地级市工业企业研发活动人员数（名）	X1	0.9016
各地级市及以上政府部门属研究与开发机构科技活动人员数（名）	X2	0.9227
省名牌产品累计数（个）	X3	0.7696
产品抽查合格率	X4	0.7952
产业结构优化	X5	0.6511
二级计量保证体系（家）	X6	0.7794
三级计量保证体系（家）	X7	0.6621
制定严于国际、国家、行业或地方标准的企业标准（项）	X8	0.8719
企业采标完成数	X9	0.7878
受理举报投诉（宗）	X10	0.8804
总体		0.8312

从表 5-7 可知，前 3 个主成分对应的特征根均大于 1。同时，也结合图 5-3，我们可知特征根自第四个才开始出现缓慢的下降。因此，我们最终选择前 4 个主成分 Comp1、Comp2、Comp3 和 Comp4，其累计方差贡献率达到 76.76%，超过 70%。总体而言，前 4 个主成分基本上可以反映全部指标所包含的全部信息，可以代替原来的 10 个指标。

表 5-7 特征值和特征向量

主成分	特征根	方差贡献率	累计贡献率
Comp1	5.650762	0.4709	0.4709
Comp2	1.615811	0.1347	0.6055
Comp3	1.139527	0.095	0.7005
Comp4	0.7831513	0.0653	0.7676
Comp5	0.6832534	0.0569	0.8227
Comp6	0.5553182	0.0463	0.869
Comp7	0.4917502	0.041	0.91
Comp8	0.4297107	0.0358	0.9458
Comp9	0.3743793	0.0312	0.9981
Comp10	0.1376846	0.0115	1.0000

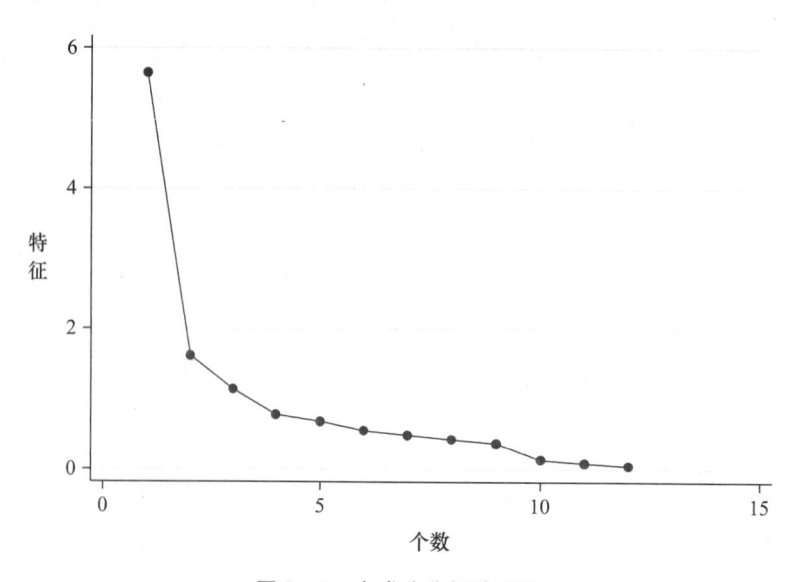

图 5-3 主成分分析碎石图

如表 5-8 所示，我们可知各个主成分在 10 个不同变量上的载荷，即反映了 10 个变量对主成分的重要程度。此处汇报了全部主成分的情况，但实际上本书仅关注第一主成分、第二主成分、第三主成分和第四主成分对原来指标的载荷数。根据成分载荷矩阵，我们进一步构造不同变量和成分的加权权重。

表 5-8　成分载荷矩阵

变量	Comp1	Comp2	Comp3	Comp4	Comp5	Comp6	Comp7	Comp8	Comp9	Comp10
X1	0.31	-0.08	0.18	-0.16	0.09	0.29	-0.47	0.27	-0.64	0.18
X2	0.27	-0.22	0.25	-0.43	-0.26	0.55	0.24	-0.37	0.25	0.09
X3	0.31	-0.17	0.16	0.19	-0.19	-0.13	0.66	0.53	-0.12	0.20
X4	0.34	0.19	-0.34	0.08	-0.13	0.00	-0.25	0.16	0.35	0.12
X5	0.39	-0.03	0.18	0.14	0.19	-0.08	0.01	-0.15	-0.10	-0.51
X6	-0.01	-0.43	-0.61	0.13	0.49	0.37	0.22	-0.01	-0.07	0.01
X7	0.07	0.59	-0.34	0.24	-0.34	0.32	0.21	-0.21	-0.38	-0.06
X8	0.03	0.59	0.17	-0.32	0.62	0.14	0.23	0.19	0.13	0.04
X9	0.40	-0.04	0.02	0.12	0.05	-0.03	0.00	-0.02	0.10	-0.57
X10	0.38	0.06	-0.20	0.02	-0.05	0.06	-0.24	0.23	0.39	0.18

根据表 5-7 的特征根信息和表 5-8 的载荷矩阵，我们进一步求得不同主成分下，10 个变量线性组合的系数，如表 5-9 所示。

表 5-7 中"特征值"所对应的"方差贡献率"表示各主成分的方差贡献率。方差贡献率越大则说明该主成分的重要性越强。根据主流文献的做法，方差贡献率可以视作不同主成分的权重。由于原有指标基本可以用前四个主成分代替，因而指标系数可以看作以这四个主成分方差贡献率为权重，对指标在这四个主成分线性组合中的系数做加权平均。具体计算结果如表 5-9 所示。

表 5-9　各指标在四个主成分线性组合中的系数

变量	Comp1	Comp2	Comp3	Comp4
X1	0.16	-0.06	0.17	-0.15

续表

变量	Comp1	Comp2	Comp3	Comp4
X2	0.12	-0.17	0.23	-0.48
X3	0.13	-0.12	0.15	0.21
X4	0.14	0.15	-0.32	0.09
X5	0.16	-0.02	0.17	0.16
X6	0.00	-0.34	-0.57	0.14
X7	0.03	0.47	-0.32	0.27
X8	0.01	0.46	0.16	-0.37
X9	0.17	-0.03	0.02	0.13
X10	0.16	0.05	-0.18	0.02

鉴于所有指标的权重之和应为1，因此，我们对表5-9左侧的系数进行归一化处理。那么，在综合模型中，12个变量的权重如表5-10所示。

表5-10 综合得分模型及其权重

变量	系数	权重
X1	0.077	0.087
X2	0.028	0.033
X3	0.092	0.114
X4	0.085	0.099
X5	0.132	0.157
X6	-0.122	0.144
X7	0.084	0.099
X8	0.077	0.090
X9	0.115	0.134
X10	0.088	0.102

结合表5-10的权重信息，对广东省21个地级市的数据进行处理，计算2009~2014年的质量创新综合指数。具体结果如表5-11所示。

从表5-11的结果来看，广州市的质量创新水平始终名列前茅，但近年来发展较缓慢,而且在2014年还出现了退步。深圳的综合得分也非常高,虽然离广州仍有差距,但是它们之间的差距在不断缩小,深圳的质量创新发展相对较快。其次,东莞、佛山和中山排名也相对靠前,而16个地级市则处于相对落后的地位。说明了广东省各地级市质量创新水平发展不平衡,不同区域的差别除了与历史背景、经济基础、当地的教育水平相关之外,主要是质量创新水平的差距,某些地级市在不同年份的差异则主要与当年的投资、引进外资以及政府推行相关政策的力度等综合影响因素相关。

表5-11 广东省各地级市质量创新的综合得分情况

地区\年份	2009	2010	2011	2012	2013	2014
广州	489.19	603.14	694.57	767.28	954.30	796.93
深圳	177.27	372.76	489.37	481.22	308.01	617.58
珠海	41.62	87.98	101.26	96.99	449.18	85.73
汕头	67.91	53.29	64.01	122.78	71.90	129.21
佛山	134.77	109.88	149.93	352.23	325.43	293.69
韶关	19.59	28.04	33.65	33.72	174.34	34.09
河源	10.45	14.10	11.84	29.08	42.37	40.89
梅州	21.64	24.48	23.70	32.02	36.34	43.21
惠州	54.48	47.75	46.61	182.91	61.78	57.81
汕尾	10.53	13.90	13.36	13.28	20.93	13.07
东莞	113.04	148.88	176.37	203.59	241.42	221.37
中山	62.34	56.13	130.37	209.45	159.25	237.38
江门	51.22	39.01	55.91	81.46	39.75	66.68
阳江	18.10	19.78	24.40	44.24	48.70	39.76
湛江	51.49	28.03	33.04	44.62	45.12	32.76
茂名	26.10	28.75	48.31	51.33	70.09	56.23
肇庆	44.10	35.00	53.71	49.22	153.90	60.45
清远	31.69	31.13	40.10	54.23	126.23	49.46
潮州	42.62	26.67	45.41	47.00	44.99	40.48
揭阳	27.75	20.78	42.08	102.68	136.35	57.54
云浮	46.55	26.38	29.93	31.70	34.94	40.14

第六章 质量创新对全要素生产率影响机制的实证研究

第一节 质量创新对全要素生产率的影响机制与理论

在早期哈罗德—多马模型（Harrod – Domar Model）中，技术进步被认为是除了劳动和资本、促进经济增长的第三个因素，同时，也是外在决定的、偶然的、无成本的资源。以索洛（Solow）的理论为代表的新古典模型进一步提出，技术进步是增长模型中的主要决定因素，比物质资本更加重要。内生经济增长理论则尝试进一步将技术内生化处理，并解释技术进步的源泉和机制，包括"干中学"（Learning by Doing）、生产经验的积累、教育投资、研发的外溢性等。熊彼特（Schumpeter）的"创造性破坏"又从另外一种角度解释了社会中技术进步的动力和机制。他提出，正是企业家的创新不断地从内部革新经济结构，即不断破坏旧的，淘汰旧的技术和生产体系，并建立起新的生产体系。同时，熊彼特还进一步明确指出"创新"的五种情形，包括产品（服务）创新、技术（流程）创新、市场创新（开辟新的市场）、资源配置创新、组织创新。

质量创新的目标是改进产品的质量，进而达到或者超过消费者的预期。根据

ISO 8402 的定义,质量是反映实体满足明确和隐含需要的能力的特性总和。因此,消费者要求所购买的产品达到或者超过预期本质上是对产品质量上的追求,而产品只是作为质量载体的形式出现。换句话说,质量创新的本质是产品创新。但是,在商品经济日益发达的今天,社会化大生产的网络更加庞大而复杂,它需要辅以技术(流程)创新、市场创新(开辟新的市场)、资源配置创新、组织创新,组成一个完整的创新体系,才能更好地多角度、多方位促进产品质量创新。

古典经济学中的萨伊定律(Say's Law)认为商品的生产(供给)创造商品的需求,其本质在于商品的短缺供应。其后,在新古典经济学派中,所突出分析的是规模经济,即企业可持续发展有赖于不断地扩大规模,进而降低成本,最终实现利润。但是在新的时代背景中,尤其是我国存在产能过剩的国情下,古典经济学和新古典经济学下的经济发展范式不再适用,其对商品生产的量过多强调,而对商品生产的质忽略了。

质量创新客观上要求更高水平的创新体系配套和耦合,形成合作系统,包括应用现代科技、工艺和装备再造,资源配置创新,组织创新,进而改造传统产业,培育新兴产业,以支持高质量商品的制造,创造商业蓝海。质量创新是这个体系的核心,因其依托于商品,也是其他类型创新产生和发展的最终目标。质量创新所带来的创新体系及其升级,极大地提升了经济体整体的技术水平[1],既提高了微观企业的全要素生产率水平,也使企业本身不断提升经营效率,创造竞争优势,创造利润。同时,这个过程还是一个良性循环的过程,竞争优势和利润的积累,刺激了新一轮质量创新和全要素生产率的提高(见图 6-1)。我国在产业转型升级、出口竞争力提升、经济发展效益和质量增进上存在巨大挑战,质量创新是解决以上问题的有效突破口。加速质量创新,必将有利于提升劳动、资本和资源的效益,扭转经济粗放增长的局面,跨越"中等收入陷阱"。

---

[1] 提高全要素生产率关键靠创新[EB/OL].http://news.xinhuanet.com/local/2016-04/07/c_128870253.htm。

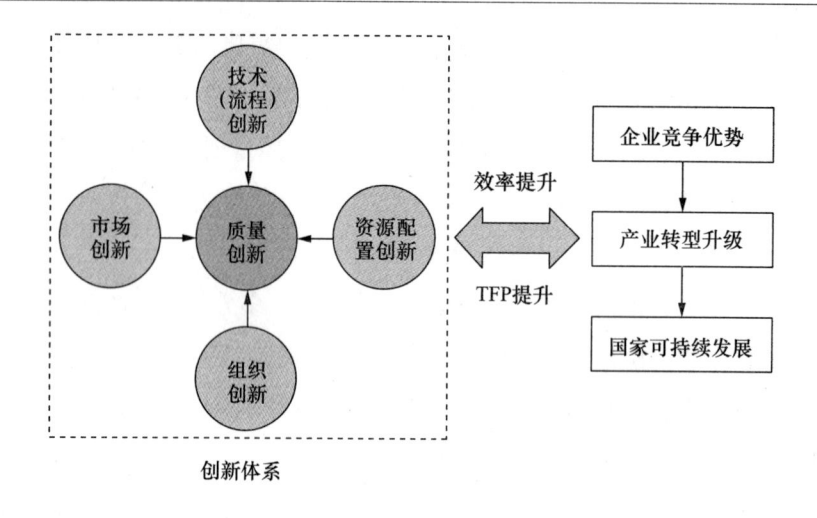

图 6–1　质量创新对全要素生产率的影响机制

在国外，对产品质量和质量创新的重视始于第一次世界大战之后，在第二次世界大战后，日本也不断追求产品质量及其创新。在赶超欧美过程中的工业创新，使日本在历史上形成的对技术孜孜以求、在产品制造上一丝不苟的工匠精神得以传承。体现在现代工业发展上，就是以质量创新取信于民，以节能环保占领国际市场。在信息技术迅猛发展的当代社会，客观地判断日本的工业创新情况仍然是必要的。它不仅有利于我们了解日本经济的发展走势，而且是我们认识网络时代工业创新所处位置的基础和前提。具体到一个企业来说，对高质量产品的把控和创造尤为关键，是减少成本、增加竞争优势、创造利润的重要源泉；对于一个国家来说，能够源源不断地进行质量创新、制造高精尖的商品，是创造国家财富、实现经济可持续发展、提高人民福祉的唯一渠道，特别是国际化、全球化、一体化的背景下。即使在后工业化社会，对于质量创新也应该倍加重视，从而增强经济的活力和弹性。与之形成鲜明对比的就是"产业空心化"，所谓产业空心化，是在高度发达的国家和城市，由于追求完善的经济服务，以制造业为中心的物质生产和资本，大量地迅速转移到欠发达国家和城市，使物质生产在国民经济中的地位明显下降，造成国内物质生产与非物质生产之间的比例关系严重失衡。由此产业结构在一定发展阶段会出现一种趋势：非物质生产的服务性产业部分的比重远远超过物质生产部分的比重而成为国民经济的重要部门。主要表现就是随着生产力的发展和技术的进步，第三产业的发展逐步超过第一产业和第二产业，最终形成以第三产业为主体的产业结构。这种演变趋势是合乎规律的。但随之而来的问题是出现了产业的"空心化"现象。最终导致进口逐渐增加以致超越出口，造成贸易收支恶化甚至转向逆差，这一严重后果对美国、日本等国家的消极影响仍然历历在目。制造业的发展与创新对于美国、日本这样的发达国家的影响依旧不可忽视，相对而言正处于转型关键期的中国，在期望跳出"中等收入陷阱"的过程中，质量创新作为整个创新体系的核心，在技术、市场、组织、资源配置的创新整合作用下发挥效率提升作用，进而提升企业竞争优势，促进产业转型升级，最终实现国家的可持续发展。

第二节 质量创新与全要素生产率的相关关系

本书对广东省21个地级市的情况进行分析。其中，全要素生产率和质量管理数据均来自本书的估算，相关数据的统计描述如表6-1所示。其中，变量全要素生产率测度的是全要素生产率的年度增长率，2009~2014年，21个地级市的全要素生产率增长率平均为3.26%，最小增长率是-13.58%，最大增长率为17.10%，标准差为6.10，说明21个地级市的增长水平存在差异，技术对经济增长的贡献并不均衡；而质量创新能力来自表5-11，即衡量的是广东省各个地级市的质量创新的综合得分，这一指标不同于全要素生产率增长率指标的平稳波动，得分均值为121.08，最小值和最大值分别为10.97、1002.01，标准差为181.31，各地级市的质量创新对全要素生产率增长率的贡献表现出了较大的差异性，部分地级市质量创新能力水平较低（见表6-1）。

图6-2展示的是广东省21个地级市2009~2014年的全要素生产率的增长率。总的来看，全要素生产率增长率差异越来越小，呈现收敛状态，由2009年的变化范围（-15%，20%）逐步缩减到2014年的（-5%，10%），各地级市

制造业全要素生产率增长率趋于均衡,在最低增长率不断提升的同时,较高增长率的地级市有所回落。

表6-1 数据的统计描述

变量	Obs	Mean	Std. Dev.	Min	Max
全要素生产率的增长率(%)	126	3.26	6.10	-13.58	17.10
质量创新能力	126	121.08	181.31	10.97	1002.01

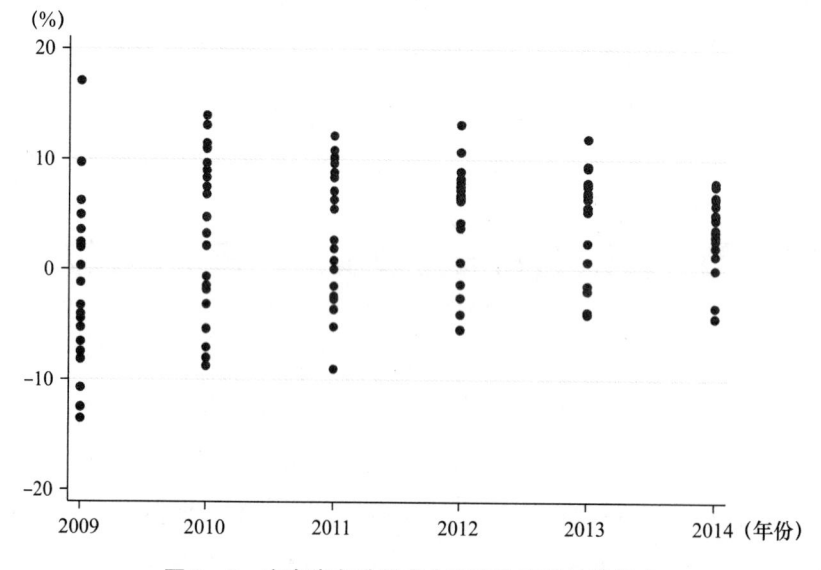

图6-2 广东省各地级市全要素生产率的增长率

再来进一步分析以上两个变量的相关关系(见图6-3)。我们可以发现,广东省21个地级市的质量创新水平和全要素生产率增长率具有显著的正相关关系,全要素生产率增长率随着制造业质量指数增长率的增长而增长;当质量指数增长率低于0时,全要素生产率增长率保持在(-10%,0),当质量指数增长率在(0,100%)时,全要素生产率增长率快速增至(0,15%)范围内;之后随着质量指数的增长,全要素生产率增长率总体上虽然稍有回落,但是依然保持在0增长率之上,部分质量指数增长率高的地级市全要素生产率增长率会达到18%,说明了近年来各地级市制造业质量创新对技术进步具有显著的推动作用。

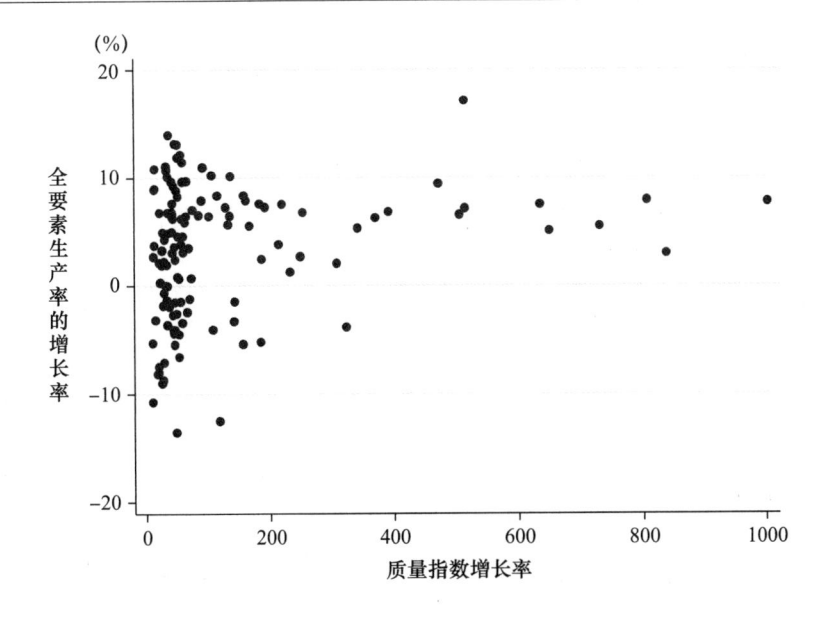

图6-3 广东省各地级市制造业质量指数增长率和全要素生产率增长率的散点图

第三节 质量创新对全要素生产率影响的实证分析

一、变量选择和模型设计

根据前文，本书的被解释变量是全要素生产率的增长率，而解释变量是质量创新。为了考虑区域的异质性，我们根据其他相关研究，进一步引入了控制变量。考虑到本书中的样本数据较少和广东省地区的特殊性，本书的控制变量为外商直接投资和对外贸易开放度。外商直接投资为每年各地区实际吸收的对外直接投资量，而对外贸易开放度则采用指标"进出口总额占GDP比重（%）"来衡量。相关变量的统计描述如表6-2所示。

表 6-2 数据的统计描述

Variable	Obs	Mean	Std. Dev.	Min	Max
全要素生产率的增长率（%）	126	3.258333	6.096021	-13.58	17.1
质量创新能力	126	121.08	181.31	9.95	1000.02
外商直接投资（万美元，取对数）	126	12.45396	1.409658	9.902872	14.9264
贸易开放度（%）	126	3.63781	1.02583	1.231898	5.50629

二、直接效应

首先，本书分别采用 OLS（最小二乘法）和面板模型对基本模型进行回归分析，以验证质量创新对全要素生产率增长率的影响。具体结果如表 6-3 所示，其中，列（1）是 OLS 回归的结果，列（2）~列（3）分别增加考虑时间固定效应和个体固定效应。通过 3 类模型的结果比较，可以增加回归分析结果的稳健性。

表 6-3 基本模型

	（1） OLS	（2） 固定效应	（3） 固定效应
质量创新	0.005***	0.005**	0.003
	(3.42)	(2.37)	(0.55)
_cons	2.287***	-1.525	5.646
	(3.36)	(-0.96)	(0.95)
N	126	126	126
R^2	0.044	0.138	0.330
F 值	11.73	4.38	8.01
P	0.001	0.000	0.000

注：***、**、*分别表示在 1%、5%、10% 水平下显著，括号内数字为 t 统计量，所有估计均使用稳健的标准差。

从表6-3的结果来看，质量创新对全要素生产率增长率存在显著的正向影响，即质量创新水平越高，将有利于推进全要素生产率的增长。同时，从 F 值来看，模型结果在统计上是稳健的，显著异于0。在列（3）中，质量创新的系数虽然不再显著，但是仍旧大于0，这可能受到样本规模的影响。考虑了个体固定效应后，模型中的自变量达到22个，而样本仅为126个。以上仅考虑质量创新对全要素生产率的直接影响，下面将进一步考虑其他变量的中介效应。

三、间接效应及机制

我们进一步考察质量创新的传导机制。由于广东省是最早实行改革开放的地区，对外经贸一直占有举足轻重的地位。因此，我们在基本模型中进一步考察贸易开放度和外商直接投资的影响。具体结果如表6-4所示，其中，列（1）是在基本模型的基础上进一步考察了贸易开放度的影响，列（2）是在基本模型的基础上进一步加入外商直接投资的影响，列（3）是将贸易开放度和外商直接投资都放入模型中。

表6-4 考虑开放经济的回归结果

	(1)	(2)	(3)
质量创新	0.048** (2.21)	0.002 (0.30)	0.001 (0.21)
贸易开放度	1.068** (2.09)		-0.134 (-0.17)
外商直接投资		1.216** (2.42)	1.335* (1.72)
_cons	-1.258 (-0.69)	-11.719** (-2.06)	-12.876* (-1.78)
N	126	126	126
R^2	0.075	0.088	0.093
F 值	4.06	7.91	5.77
P	0.002	0.072	0.001

注：***、**、*分别表示在1%、5%、10%水平下显著，括号内数字为 t 统计量，所有估计均使用稳健的标准差。

从实证结果来看，加入贸易开放度后，质量创新的系数仍然显著为正，但是比之前的值要小一些，说明质量创新可能存在间接的作用渠道，如通过国际贸易途径来作用于全要素生产率。但是整体来看，这种作用并不是很大。

而外商直接投资的作用更加明显，在基本模型中加入外商直接投资后，质量创新变量的系数不再显著，而且系数值变得非常小，说明质量创新是基本上借助于外商直接投资来实现提升的，进而作用于全要素生产率的进步。这与主流文献的结论较为一致。外商直接投资的引入，带来了巨大的溢出效应，不仅有利于学习先进的生产管理经验，也有利于技术的扩散。

在列（3）中，将贸易开放度和外商直接投资都放入模型中，但是同列（2）一致，质量创新和外商直接投资的显著性水平和符号方向都没有发生改变，说明外商直接投资一直处于主导作用的地位。

当我们进一步针对不同区域进行分析时，我们发现，对于山区五市[①]，质量创新存在独立的作用渠道，而对外贸易和外商直接投资等因素对全要素生产率并没有显著的作用，如表6-5所示。

表6-5 子样本的回归

	(1)	(2)	(3)
质量创新	0.049*** (3.68)	0.042*** (3.11)	0.043** (2.58)
贸易开放度	1.624 (0.61)		-0.750 (-0.21)
外商直接投资		3.142 (1.31)	3.421 (1.04)
_cons	-5.012 (-0.71)	-36.211 (-1.31)	-37.127 (-1.21)
N	30	30	30
R^2	0.083	0.137	0.139
F 值	7.12	8.65	5.76
P	0.003	0.001	0.003

注：***、**、*分别表示在1%、5%、10%水平下显著，括号内数字为t统计量，所有估计均使用稳健的标准差。

---

① 根据广东省统计资料，山区五市是指韶关、梅州、清远、河源和云浮。

第七章 质量创新对制造业全要素生产率增长率影响分析：微观企业调研

第一节 广东省210家制造业企业数据的描述性统计

为了分析广东省各地级市制造业质量创新水平对全要素生产率增长率的影响，我们通过委托第三方专业调研机构对210家微观层面的企业进行了调研，相关的调研结果统计如下。

一、企业规模

通过对210家企业进行问卷调查，统计被调查企业的员工数目，可以粗略了解企业的基本规模。此次调查将企业的员工人数分为四个区间段，第一个区间段为50人以下的规模，第二个区间段为50~200人的规模，第三个区间段为200~1000人的规模，第四个区间段为1000人以上的规模。

如图7-1所示，在被调查的210家企业中，22家企业所含的企业员工人数在50人以下，占参与调查的企业总量的10.48%；65家被调查企业的企业员工人数在50~200人，占参与调查总量的30.95%；79家被调查企业的企业员工人数在200~1000人，占被调查企业总数的37.62%；企业所含员工规模在1000人以上的企业有44家，这44家企业占所有参与调查企业总数的20.95%。

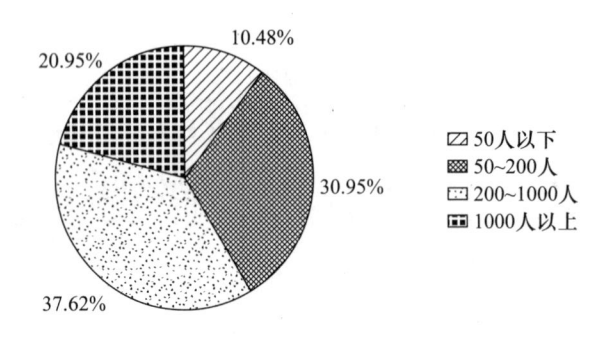

```
       10.48%
20.95%
           ▨ 50人以下
           ▦ 50~200人
       30.95%
           ▨ 200~1000人
           ▦ 1000人以上
37.62%
```

图7-1 企业员工数

二、销售额

为了对210家样本企业的年销售额进行统计，将企业的年销售额划分为四个不同的规模，即年销售额在500万元以下的企业、年销售额在500万~2000万元的企业、年销售额在2000万~30000万元的企业、年销售额在30000万元以上的企业。

企业年销售额的统计结果如图7-2所示。在参与样本调查的210家企业中，有20家企业的年销售额在500万元以下，占所有参与调查企业总数的百分比为9.52%；有42家企业的年销售额在500万~2000万元，占所有参与调查企业总数的20%；同时，在被调查的样本中，企业年销售额在2000万~30000万元的数量有73家，占总样本数据的34.76%；企业年销售额在30000万元以上的企业有75家，占参与调查样本数据的35.71%。其中，销售额在2000万~30000万元和30000万元以上的148家企业贡献了整个销售额的70.47%，规模较大的微观企业在整个制造业行业中起着至关重要的作用。

三、注册资本

企业的注册资本额划分为四个等级，第一等级为100万元以下的注册资本额，第二等级为 100 万~500 万元的注册资本额，第三等级为 500 万~2000 万元的注册资本额，第四等级为 2000 万元以上的注册资本额。

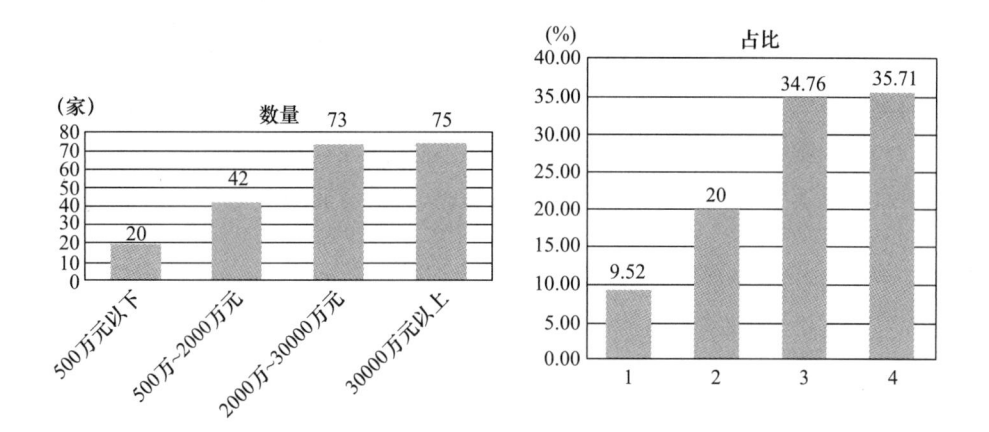

图 7-2 企业年销售额

调查统计结果如图 7-3 所示，在 210 家样本企业中，21 家企业的注册资本额在 100 万元以下，占 210 家总样本企业的 10%；58 家企业的注册资本额在 100 万~500 万元，占 27.62%；61 家企业的注册资本额在 500 万~2000 万元，占 29.05%；有 70 家企业的注册资本额在 2000 万元以上，占 210 家总样本企业的 33.33%。

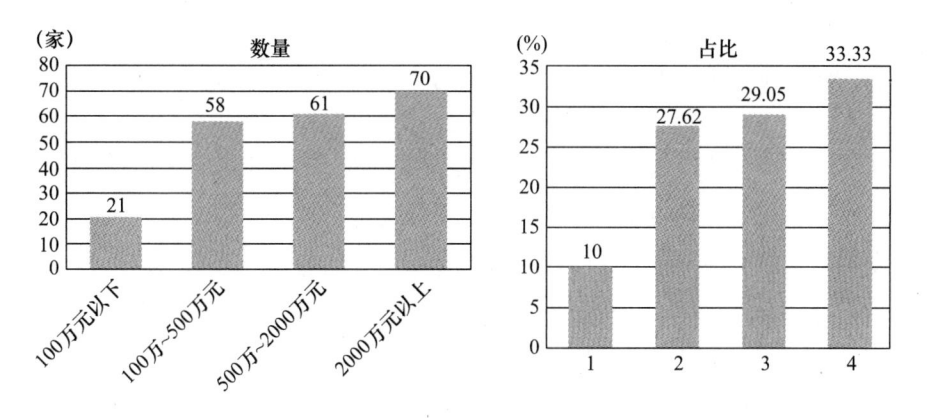

图 7-3 企业注册资本额

四、产品销售方向

如图7-4所示，企业产品的销售方向主要分为国内和国外两个方向。在210家企业中，有151家企业选择了他们企业产品的主要销往地为国内，占样本调查总量的71.9%；有59家企业选择了他们企业产品的主要销往地为国外，占所参与样本调查总量的28.1%，说明广东省制造业企业的产品主要是针对国内市场的，只有不到30%的产品是出口的，国内市场的需求决定了整个制造业行业的发展方向。

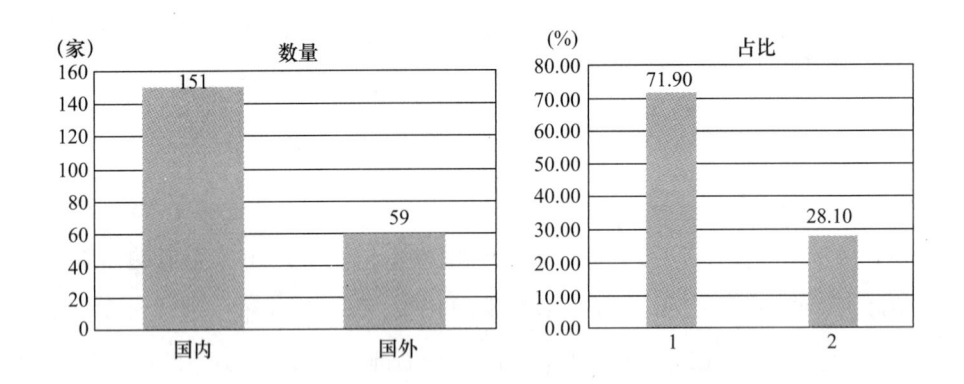

图7-4 企业产品销售方向

五、制造业企业的类型

此次调查问卷将市场上的制造业企业主要分为16个行业类型，分别为食品制造与加工、纺织、服装皮革与鞋、木材家具制造、建筑、造纸与印刷、石油加工、塑料与橡胶、化工产品、金属制造、通用与专用设备、汽车制造、交通运输设备、电气机械与仪器、计算机通信设备以及其他行业。

调查结果如图7-5所示，在210家样本企业中，有19家企业类型为食品制造与加工业，占总样本量的9.05%；14家企业类型是纺织业，占调查企业总量的6.67%；13家企业类型为服装、皮革与鞋业，占企业总量的6.19%；19家木材、家具制造业的企业，占企业总量的9.05%；6家建筑业占比为2.86%；9家企业类型是造纸与印刷业，占比4.29%；3家石油加工业占比1.43%；13家企业为塑料与橡胶业，占总量的6.19%；8家化工产品业占3.81%；金属制造业的企业有26家，占12.38%；18家通用与专用设备业占8.57%；4家汽车制造业占1.9%；交通运输设备类的企业有0家；25家电气、机械、仪器等行业占11.9%；10家计算机与通用设备类占4.76%；另外有23家其他企业类型，占所调查的样本企业总量的10.95%。

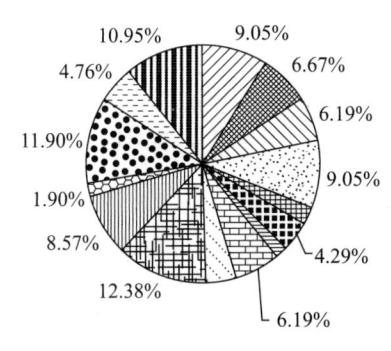

图7-5 制造业企业的类型

六、公司质量创新水平指标

问卷选取8个问题，以矩阵单选题的形式对企业质量创新的8个影响因子进行了调查，每个问题都有5个备选答案，即非常不同意1、不同意2、普通3、同意4、非常同意5。

如图7-6所示，在对第1个问题"我们公司有很好的质量工程师团队建设"方面，有6家企业选择"非常不同意1"，占参与调查的210家企业样本总量的2.86%，3家企业选择"不同意2"，占1.43%；41家企业选择"普通3"，占

19.52%，115家企业选择"同意4"，占54.76%；另有45家企业选择"非常同意5"，占21.43%。制造业企业中不重视质量工程师团队建设的企业只占4.29%，其余的企业对建构属于自己的人才团队都给予了极大的关注。

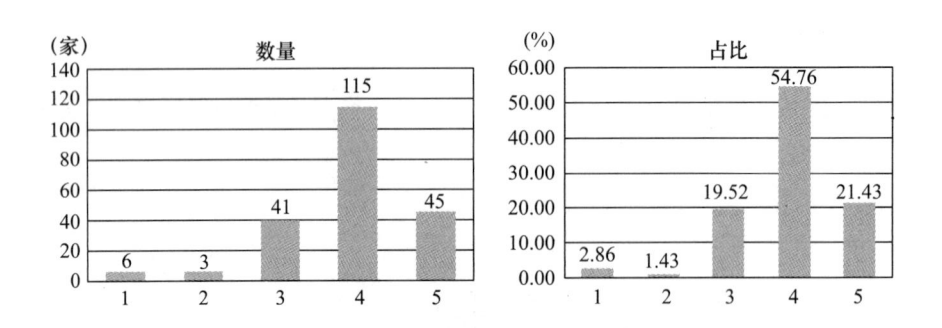

图7-6 质量工程师团队人数

如图7-7所示，第二个问题"自己公司获奖名牌产品较多"方面，有7家企业选择"非常不同意1"，占参与调查的210家样本企业总量的3.33%；14家企业选择"不同意2"，占6.67%；59家企业选择"普通3"，占28.1%；88家企业选择"同意4"，占41.9%；另有42家企业选择"非常同意5"，占20%。有90%的企业都在名牌产品中获得了一定的奖项，说明品牌建设在整个行业中受到了较大程度的重视，广东省在与国内外企业的竞争中形成了属于自己的优质品牌，在之后的结构性改革中应当起到质量创新的示范作用。

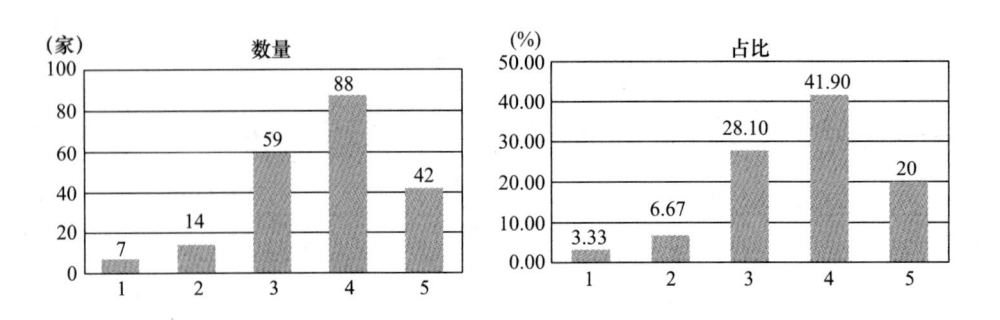

图7-7 公司获奖名牌产品

第七章　质量创新对制造业全要素生产率增长率影响分析：微观企业调研

如图 7-8 所示，在对第三个问题"我们公司获得很多的认证"方面，有 5 家公司选择"非常不同意 1"，占参与调查的 210 家样本企业总量的 2.38%；8 家公司选择"不同意 2"，占 3.81%；51 家公司选择"普通 3"，占 24.29%；84 家公司选择"同意 4"，占 40%；有 62 家公司选择"非常同意 5"，占 29.52%。

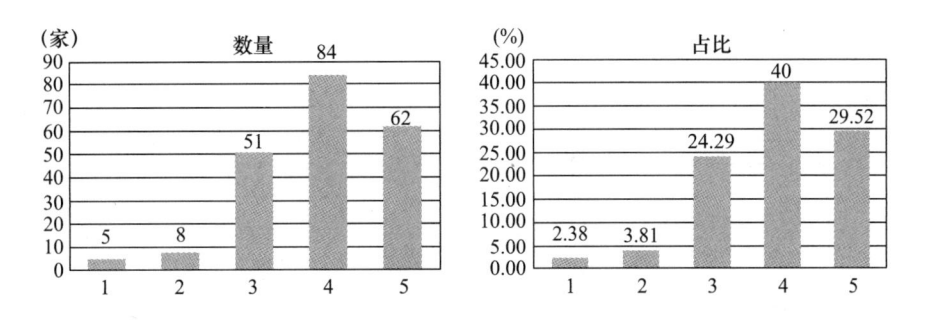

图 7-8　公司获得认证数量统计

如图 7-9 所示，第四个问题"我们公司的技术标准高于国家标准"方面，有 3 家公司选择了"非常不同意 1"，占参与调查的 210 家样本企业总量的 1.43%；14 家公司选择"不同意 2"，占 6.67%；63 家公司选择了"普通 3"，占 30%；83 家公司选择了"同意 4"，占 39.52%；有 47 家公司选择了"非常同意 5"，占 22.38%。91.9% 的微观企业都将超过国家标准作为最基本的生产要求，在此基础上建立自己在行业内处于领先地位的技术标准。

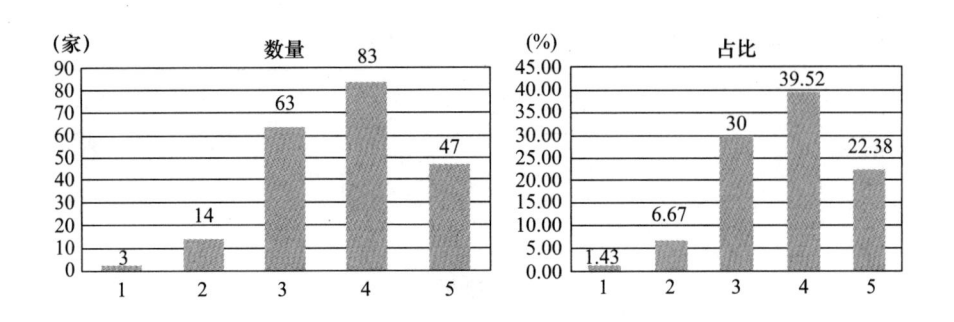

图 7-9　技术标准高于国家标准统计

如图 7-10 所示，在对第五个问题"我们公司管理层一直强调和宣传质量管理"方面，有 2 家公司选择"非常不同意 1"，占参与调查的 210 家样本企业总量的 0.95%；6 公司选择"不同意 2"，占 2.86%；37 家公司选择"普通 3"，占 17.62%；92 家公司选择"同意 4"，占 43.81%；73 家公司选择"非常同意 5"，占 34.76%。

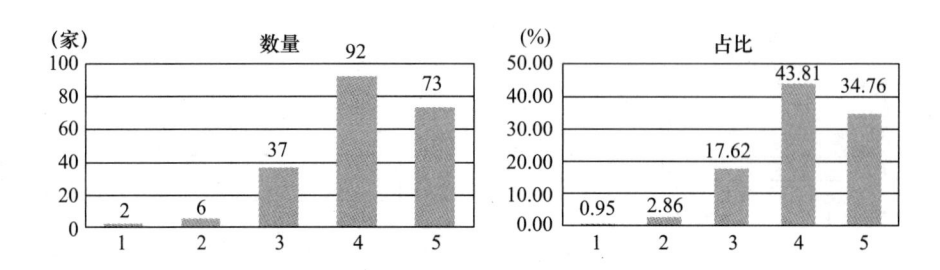

图 7-10 管理层强调和宣传质量管理统计

如图 7-11 所示，在对第六个问题"我们公司产品合格率很高"的选项中，有 1 家公司选择"非常不同意 1"，占参与调查的 210 家样本企业总量的 0.48%；6 家公司选择"不同意 2"，占 2.86%；31 家公司选择"普通 3"，占 14.76%；有 105 家公司选择"同意 4"，占 50%；有 67 家公司选择"非常同意 5"，占 31.9%。

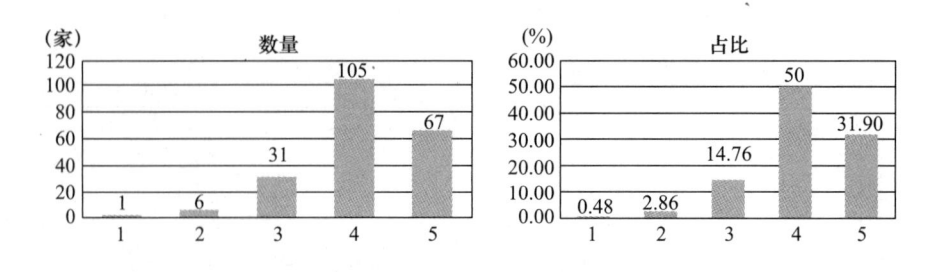

图 7-11 公司产品合格率调查

如图 7-12 所示，在对第七个问题"我们公司研发投入很多"的选项中，有

3家公司选择"非常不同意1",占参与调查的210家样本企业总量的1.43%;11家公司选择"不同意2",占5.24%;51家公司选择"普通3",占24.29%;93家公司选择"同意4",占44.29%;52家公司选择"非常同意5",占24.76%。

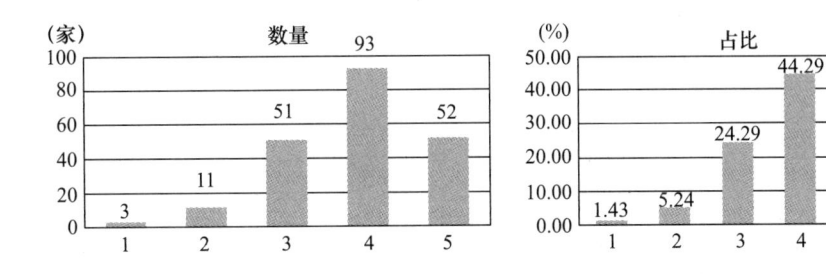

图7-12 公司研发投入统计

如图7-13所示,在对第八个问题"我们公司产品美誉度高"的选项中,有3家公司选择"非常不同意1",占参与调查的210家样本企业总量的1.43%;有6家公司选择"不同意2",占2.86%;37家公司选择"普通3",占17.62%;116家公司选择"同意4",占55.24%;48家公司选择"非常同意5",占22.86%。

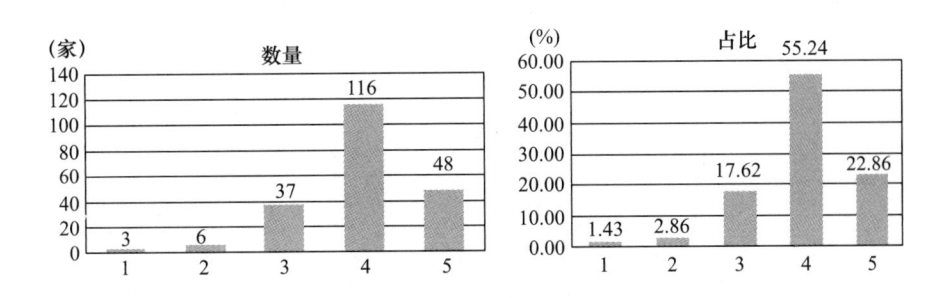

图7-13 公司产品美誉度调查

七、公司的生产效率指标

此次问卷通过四个问题调查了与公司生产效率相关的四个影响因子,每个题目均有5个备选答案,即非常不同意1、不同意2、普通3、同意4、非常同意5。

如图7-14所示,在对第一个问题"我们公司员工工作效率很高"的选项中,有2家公司选择"非常不同意1",占参与调查的210家样本企业总量的0.95%;6家公司选择"不同意2",占2.86%;45家公司选择"普通3",占21.43%;113家公司选择"同意4",占53.81%;44家公司选择"非常同意5",占20.95%。

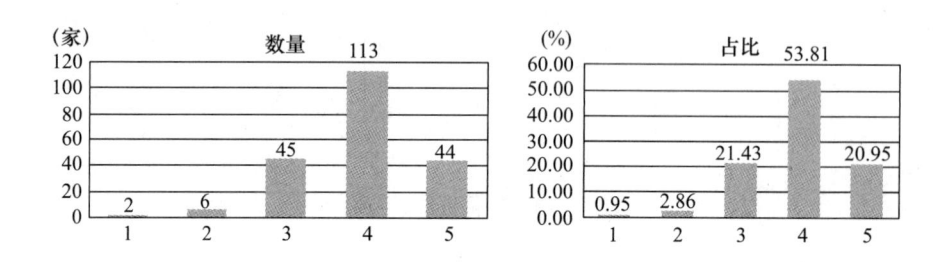

图7-14 员工工作效率调查

如图7-15所示,在对第二个问题"我们公司的设备利用率很高"的选项中,有2家公司选择"非常不同意1",占参与调查的210家样本企业总量的0.95%;7家公司选择"不同意2",占3.33%;有39家公司选择"普通3",占18.57%;有106家公司选择"同意4",占50.48%;56家公司选择"非常同意5",占26.67%。

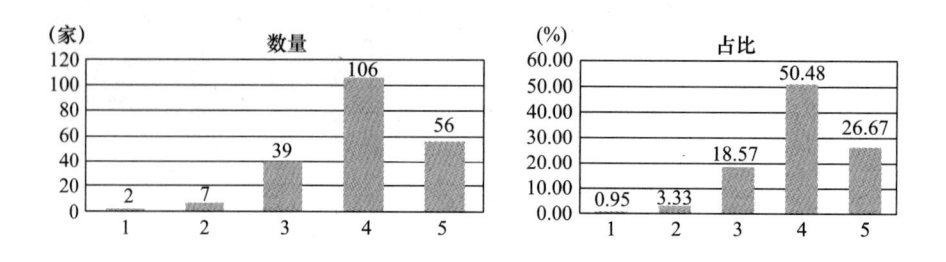

图7-15 设备利用率调查

如图 7-16 所示，在对第三个问题"我们公司注重节能环保"的选项中，有 1 家公司选择"非常不同意 1"，占参与调查的 210 家样本企业总量的 0.48%；有 6 家公司选择"不同意 2"，占 2.86%；38 家公司选择"普通 3"，占 18.1%；有 105 家公司选择"同意 4"，占 50%；60 家公司选择"非常同意 5"，占 28.57%。

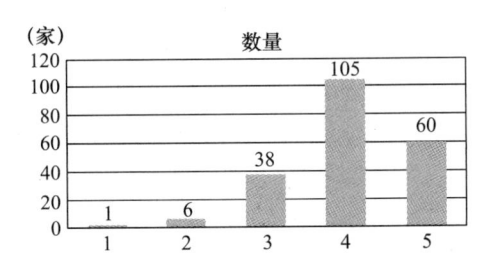

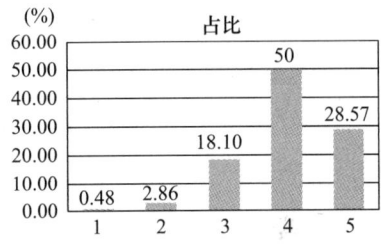

图 7-16 公司注重节能环保调查

如图 7-17 所示，在对第四个问题"我们公司员工学历很高"的选项中，有 2 家公司选择"非常不同意 1"，占参与调查的 210 家样本企业总量的 0.95%；有 16 家公司选择"不同意 2"，占 7.62%；有 72 家公司选择"普通 3"，占 34.29%；有 77 家公司选择"同意 4"，占 36.67%；有 43 家公司选择"非常同意 5"，占 20.48%。

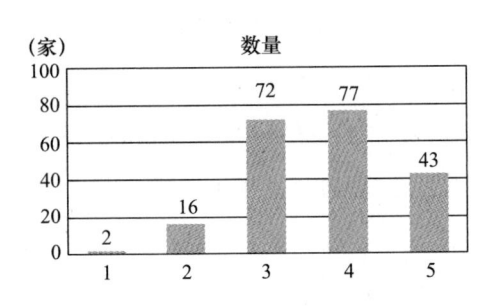

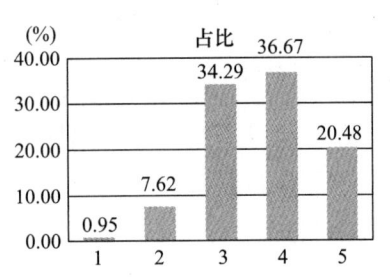

图 7-17 员工学历调查

八、公司的创新能力指标

在公司的创新能力调查方面，选取5道单选题调查了解影响公司创新能力的5个方面，每道题目可选答案为非常不同意1、不同意2、普通3、同意4、非常同意5。

如图7-18所示，在对第一个问题"我们公司开发新产品能力强"的选项中，有3家公司选择"非常不同意1"，占参与调查的210家样本企业总量的1.43%；有10家公司选择"不同意2"，占4.76%；49家公司选择"普通3"，占23.33%；99家公司选择"同意4"，占47.14%；49家公司选择"非常同意5"，占23.33%。

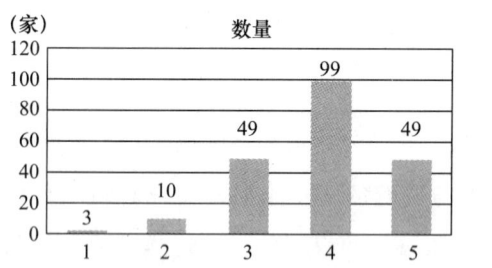

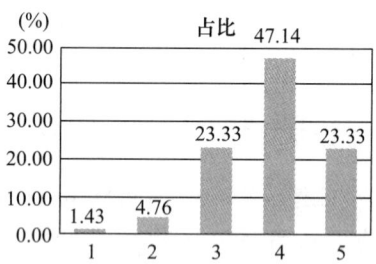

图7-18 公司开发新产品能力

如图7-19所示，在对第二个问题"我们公司拥有很多的技术专利"的选项中，有4家公司选择"非常不同意1"，占参与调查的210家样本企业总量的1.9%；有19家公司选择"不同意2"，占9.05%；有62家公司选择"普通3"，占29.52%；有83家公司选择"同意4"，占39.52%；有42家公司选择"非常同意5"，占20%。

如图7-20所示，在对第三个问题"我们公司善于开辟新的销售市场"的选项中，有1家公司选择"非常不同意1"，占参与调查的210家样本企业总量的0.48%；有11家公司选择"不同意2"，占5.24%；有49家公司选择"普通3"，占23.33%；有95家公司选择"同意4"，占45.24%；有54家公司选择

第七章 质量创新对制造业全要素生产率增长率影响分析：微观企业调研

"非常同意5"，占25.71%。

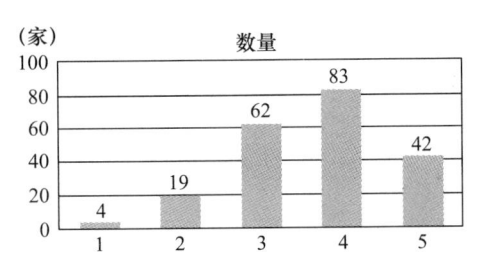

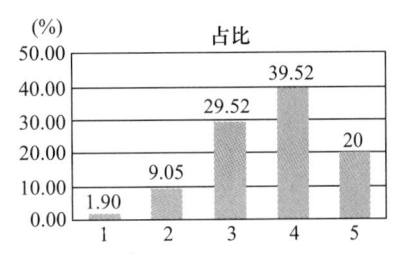

图7-19 公司拥有的技术专利

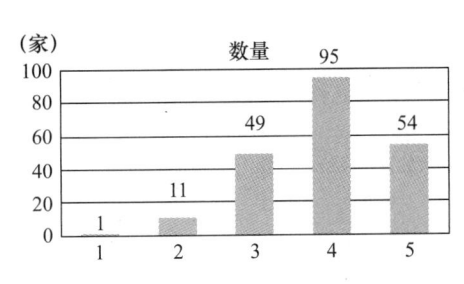

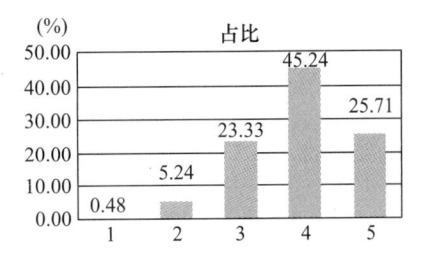

图7-20 公司开辟新的销售市场调查

如图7-21所示，在对第四个问题"我们公司开发原材料市场能力强"的选项中，有2家公司选择"非常不同意1"，占参与调查的210家样本企业总量的0.95%；有15家公司选择"不同意2"，占7.14%；有51家公司选择"普通3"，占24.29%；有95家公司选择"同意4"，占45.24%；有47家公司选择"非常同意5"，占22.38%。

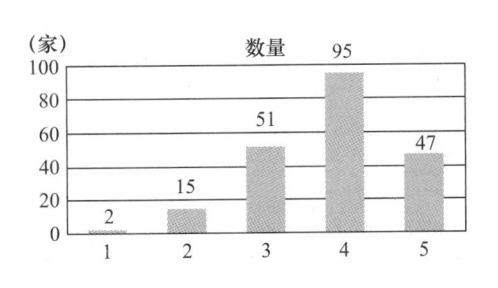

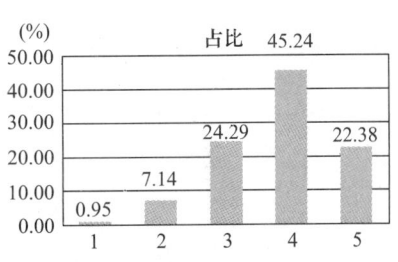

图7-21 公司开发原材料市场能力调查

如图7-22所示，在对第五个问题"我们公司组织和分工灵活度强"的选项中，有1家公司选择"非常不同意1"，占参与调查的210家样本企业总量的0.48%；有8家公司选择"不同意2"，占3.81%；有35家公司选择"普通3"，占16.67%；有112家公司选择"同意4"，占53.33%；有54家公司选择"非常同意5"，占25.71%。

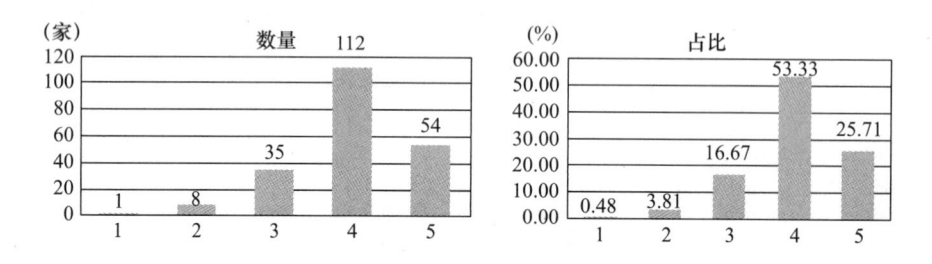

图7-22 公司组织和分工灵活度调查

第二节 质量创新对制造业全要素生产率增长率影响的实证分析

一、广东省地级市企业绩效分析

本书利用因子分析法对广东省21个地级市210个企业的绩效进行分类测算时，主要选取"综合质量创新水平、全要素生产率水平、技术创新水平"三个重要因子来对不同地区企业的综合绩效进行评估。

因子分析法，就是在许多变量中找出隐藏的具有代表性的因子，用少量几个因子去描述许多指标或者因素之间的联系，也就是将所有影响因素进行分类，其中同一类内的变量关系较为密切，然后用这几个不同的分类变量代表所有变量对整体进行分析，反映其大部分信息。在实际应用中通过因子得分可以得出不同因

第七章　质量创新对制造业全要素生产率增长率影响分析：微观企业调研

子的重要性指标。

在众多影响因素中提取出重要的因子时，传统的方法可以借助重心法、影像分析法、最大似然解、最小平方法等。本书中我们就借鉴了其中一种方法得出了3个重要因子：综合质量创新水平、全要素生产率水平、技术创新水平。其中，综合质量创新水平包括8个评价因子：质量工程师团队建设、获奖名牌产品数量、公司获得认证数量、公司的技术标准高于国家标准的个数、公司管理层对质量的管理、产品合格率、公司研发投入、公司产品美誉度；全要素生产率水平包括4个评价因子：员工工作效率、设备利用率、节能环保意识、员工学历；技术创新水平包括5个评价因子：开发新产品的能力、技术专利的数目、是否开辟新的销售市场、能否开发新的原材料市场、公司组织和分工是否灵活。这些评价因子基本代表了影响公司质量创新水平、全要素生产率水平以及技术创新水平的大部分影响因子，很好地解释了大部分影响因素对于要研究对象的影响程度。

按照上述因子分析法对所收集到的210个样本进行整理，得到不同地级市企业3个指标数值的平均值，即各个地级市企业总体的综合质量创新水平、全要素生产率水平以及技术创新水平，如表7-1所示。

表7-1　广东省210个制造业企业平均绩效分析

公司所在地级市	综合质量创新水平	全要素生产率水平	技术创新水平
潮州	3.905	3.821	3.000
东莞	3.894	3.903	3.861
佛山	3.887	3.881	3.824
珠海	3.912	3.900	3.873
惠州	3.897	3.907	3.844
江门	3.893	3.896	3.864
揭阳	3.879	3.876	3.827
茂名	3.875	4.125	3.600
深圳	4.125	4.250	4.000
汕头	3.886	3.879	3.854
汕尾	3.375	3.250	3.600
韶关	3.856	3.956	3.849

续表

公司所在地级市	综合质量创新水平	全要素生产率水平	技术创新水平
清远	3.903	3.899	3.845
湛江	2.500	3.967	3.700
肇庆	3.881	3.878	3.817
中山	3.884	3.875	3.822
广州	3.918	4.250	3.888

1. 综合质量创新水平

综合质量创新水平指标主要包括了工程师团队建设、公司认证、技术标准、公司管理层等企业层面的影响指标，反映一个企业在质量创新水平上的重视程度，往往一个公司拥有较多的认证、高于国家标准的技术标准或者管理者对企业质量投入更多人力物力时，这一指标值就相对高。由表7-1第一列可见，排名前三的地区分别是深圳市（4.125）、广州市（3.918）、珠海市（3.912），其次是潮州市（3.905）、清远市（3.903）、惠州市（3.897）、东莞市（3.894）、江门市（3.893）、佛山市（3.887）、汕头市（3.886）、中山市（3.884）、肇庆市（3.881）、揭阳市（3.879）、茂名市（3.875）、韶关市（3.856），汕尾市（3.375）和湛江市（2.5）位居末端两位；其中，深圳市综合质量创新水平这一指标数值达到4.125，远高于其他城市，充分说明了各地区之间对于质量创新水平的重视程度存在一定的差异性。调查发现，该地在质量创新水平建设的具体指标上，接受调查问卷的人员回答都是4或者5（同意是4，非常同意是5），而相比之下湛江综合创新水平值仅为2.5，实际调查数据大部分回答是1，少数为4，说明质量创新较高的企业在各个影响因子方面都比较重视，特别是公司美誉度和公司管理层对质量创新方面的重视程度上，同意和非常同意的比例高达55.24%和34.76%；而综合质量创新水平较低的企业则表现出了对各个影响因子较低的认同感，选择"非常不同意"的越多，说明企业越不重视综合质量创新，不利于企业的进步。

2. 全要素生产率水平

全要素生产率水平指标主要代表了员工工作效率、设备利用率、节能环保意识等。全要素生产率增长率是微观企业关注的重点指标，一系列的创新或者投资都是为这一目标服务，我们从测算各地级市的这一指标指数可以发现，深圳市（4.25）与广州市（4.25）并列第一，之后依次为茂名市（4.125）、湛江市（3.967）、韶关市（3.956）、惠州市（3.907）、东莞市（3.903）、珠海市（3.900）、清远市（3.899）、江门市（3.896）、佛山市（3.881）、汕头市（3.879）、肇庆市（3.878）、揭阳市（3.876）、中山市（3.875）、潮州市（3.821）和汕尾市（3.25）排名最靠后，其中，深圳市测算数值达到4.25，汕尾市仅仅为3.25，相差1。我们从具体搜集的调查问卷细分看，原因在于在全要素生产率指标测算涵盖的各个小分类中，这两个地区调查数据有较大差异，深圳市制造业企业的员工工作效率、设备利用率较高，同时更重视环保节能，员工的学历相对较高。其中，员工工作效率、环保节能关注度两方面的重视程度分别为53.81%和28.57%；而与之相对应的就是"非常不同意"中的0.95%和0.48%的认同感，说明了员工工作效率和环保节能的重视程度在推动全要素生产率增长率的提升方面表现了较大的作用。

3. 技术创新水平

技术创新水平这一指标在前文中我们已经提到了，它主要包括开发新产品的能力、技术专利的数目等。该指标是企业收入的重要推动力，也是一个地区经济增长的重要源泉，要素投入边际贡献不断递减之时，地区与企业要实现持续增长更需要技术创新水平的带动。由表7-1可见，深圳市以4继续领跑各地区，之后是广州市（3.888）、珠海市（3.873）、江门市（3.864）、东莞市（3.861）、汕头市（3.854）、韶关市（3.849）、清远市（3.845）、惠州市（3.844）、揭阳市（3.827）、佛山市（3.824）、中山市（3.822）、肇庆市（3.817）、湛江市（3.7）、茂名市（3.6）、汕尾市（3.6）、潮州市（3）。深圳市制造业企业在新产品创新能力、公司拥有的技术专利、开辟新的销售市场能力等方面都具有更大的关注程度，其中，公司组织和分配、开辟新的销售市场两方面的重视程度分别为53.33%和25.71%；与之相对应的就是"非常不同意"中的0.48%的认同感，说明了恰当组织企业内部的分工合作同时开发新的销售市场对技术创新水平的提高至关重要。

综合可见,深圳市的三个指标都位居第一,其次是广州市紧随其后;珠海市、惠州市、江门市、佛山市、汕头市几个城市的三大指标保持中上水平,发展比较均衡,肇庆市、揭阳市三类指标都处于后半段,发展相对落后;汕尾市的全要素生产率增长率位于末尾,另外综合质量创新水平和技术创新水平均处于倒数第二位,潮州市也表现出了较差的全要素生产率水平和技术创新水平。此外,潮州市、湛江市、茂名市等地级市都存在发展不平衡的问题,即质量创新水平、全要素生产率水平、技术创新水平三者中某一个指标处于较低的发展水平,另外两项发展良好,也直接体现了各地级市制造业微观企业发展不平衡的问题。再者,来自广东省21个地级市的210家制造业企业数据存在一定的异质性问题,不同的企业发展模式存在差异,都有可能成为影响因子分析的原因之一。

二、质量创新水平对全要素生产率增长率的机制分析

1. 广东省21个地级市制造业全要素生产率增长率指数的构建和测算

全要素生产率增长率,是产出增长率超过要素投入增长率的部分,它主要来自技术进步、生产创新、管理创新、社会经济制度等因素所导致的产出增加。具体到测算制造业全要素生产率增长率指数时,可以从质量创新、生产效率、创新能力三个维度来考量,评价指标体系建构可以设置1个目标层——广东省21个地级市制造业全要素生产率增长率指数,3个评价层——质量创新(A)、全要素生产率(B)、创新能力(C),三个评价层的评价项目层依次为综合质量创新水平指标、生产效率指标和创新能力指标。这样,整个指标体系由1个目标层、3个评价层、3个评价项目层、17个评价因子构成(见表7-2)。

本书使用主成分分析法评价广东省21个地级市制造业全要素生产率增长率指数。在实证研究中,每个变量都在不同程度上反映了所研究问题的某些信息,并且指标之间彼此有一定的相关性,所得的统计数据反映的信息在一定程度上有重叠,变量太多会增加计算量和增加分析问题的复杂性,主成分分析正是解决这类问题的理想工具。主成分分析也称主分量分析,是把原来多个变量化为少数几个综合指标的一种统计分析方法,从数学角度来看,是利用降维的思想,把多指标转化为少数几个综合指标(主成分),其中每个主成分都能够反映原始变量的

第七章 质量创新对制造业全要素生产率增长率影响分析：微观企业调研

表7-2 制造业全要素成产率增长率评价指标体系

目标层	评价层	评价项目层	评价因子
制造业全要素生产率增长率指数	A 质量创新	综合质量创新水平指标	X11 质量工程师数量
			X12 获奖品牌产品数量
			X13 公司获得认证数量
			X14 技术标准高于国家标准项目
			X15 管理层强调和宣传质量管理的次数
			X16 公司产品合格率
			X17 研发投入经费支出
			X18 产品美誉度
	B 全要素生产率	生产效率指标	X21 员工工作效率
			X22 设备利用率
			X23 注重节能环保
			X24 员工学历年限
	C 创新能力	创新能力指标	X31 开发新产品数量
			X32 拥有技术专利个数
			X33 开辟新的销售市场数量
			X34 开发原材料市场数量
			X35 组织和分工灵活度

大部分信息，且所含信息互不重复。假定有 n 个层面样本，每个样本共有 p 个变量描述，这样就构成了一个 $n \times p$ 阶的数据矩阵，如式（7-1）所示。

$$X = \begin{bmatrix} x_{11} & x_{12} & \cdots & x_{1P} \\ x_{21} & x_{22} & \cdots & x_{2P} \\ \cdots & \cdots & \cdots & \cdots \\ x_{P1} & x_{P2} & \cdots & x_{PP} \end{bmatrix} \quad (7-1)$$

为了用较少的几个综合指标来代替原来较多的变量指标，而且使这些较少的综合指标尽量多地反映原来较多指标所反映的信息，主成分分析是设法将原来众多具有一定相关性的指标重新组合成一组新的、互相无关的综合指标来代替原来的指标。通常数学上的处理就是将原来的指标做线性组合，以确保它们之间是彼此独立的，作为新的综合指标。在这一过程中，适当调整组合系数，使新的变量指标之间相互独立且具代表性。

首先,根据式(7-2)计算相关系数矩阵:

$$r_{ij} = \frac{\sum_{k=1}^{n}(x_{ki}-\overline{x_i})(x_{kj}-\overline{x_j})}{\sqrt{\sum_{k=1}^{n}(x_{ki}-\overline{x_i})^2 \sum_{k=1}^{n}(x_{kj}-\overline{x_j})^2}} \tag{7-2}$$

这样就可以得到相关系数矩阵,如式(7-3)所示:

$$R = \begin{bmatrix} r_{11} & r_{12} & \cdots & r_{1P} \\ r_{21} & r_{22} & \cdots & r_{2P} \\ \cdots & \cdots & \cdots & \cdots \\ r_{P1} & r_{P2} & \cdots & r_{PP} \end{bmatrix} \tag{7-3}$$

其中,$r_{ij}(i,j=1,2,\cdots,p)$为原来变量x_i与x_j的相关系数。

其次,计算特征值与特征向量。求解特征方程$|\lambda I - R|=0$求出特征值λ_i($i=1,2,\cdots,p$),并使其按大小顺序排列,即$\lambda_1 \geq \lambda_2 \geq \cdots \geq \lambda_p \geq 0$;然后分别求出对应于特征值$\lambda_i$的特征向量$e_i(i=1,2,\cdots,p)$。再根据式(7-4)选出累计贡献率达80%以上的特征值$\lambda_1,\lambda_2,\cdots,\lambda_m$,所对应的第一、第二、⋯、第$m(m \leq p)$个主成分。

$$累计贡献率 = \frac{\sum_{k=1}^{m} \gamma_k}{\sum_{k=1}^{p} \gamma_k} \tag{7-4}$$

最后计算主成分载荷,如式(7-5)所示:

$$p(z_k,x_i) = \sqrt{\gamma_k} e_{ki}(i,k=1,2,\cdots,p) \tag{7-5}$$

由此可以进一步计算制造业企业全要素生产率增长率指数得分,如式(7-6)所示:

$$Z = \begin{bmatrix} z_{11} & z_{12} & \cdots & z_{1m} \\ z_{21} & z_{22} & \cdots & z_{2m} \\ \cdots & \cdots & \cdots & \cdots \\ z_{n1} & z_{n2} & \cdots & z_{nm} \end{bmatrix} \tag{7-6}$$

2. 质量创新与制造业全要素生产率增长率的关系：耦合度分析

产品质量创新是指企业开发的新产品的新颖性和实用性，并且将从生产者和使用者两个角度去衡量，即相对于企业的产品创新性和相对于顾客的产品创新性，直接影响微观企业的全要素生产率增长率。耦合度描述两个或两个以上系统相互作用影响的程度，耦合作用和协调程度决定了系统发展状况。由于质量创新与制造业全要素生产率的增长既是彼此独立又相互作用的系统，本书借鉴物理学的容量耦合系数模型构建二者的耦合协调度模型，如式（7-7）所示：

$$C = \frac{(U_i^k \times S_i^k)}{(\alpha U_i^k + \beta S_i^k)^{2k}} \tag{7-7}$$

其中，C 为耦合协调度系数，$0 \leq C \leq 1$，C 值越大，耦合作用越强烈。α 和 β 为待定系数且 $\alpha + \beta = 1$。基于可持续思想理论，本书认为，质量创新与制造业全要素生产率增长同等重要，即 $\alpha = \beta = 0.5$。k 为调节系数，一般在 2~8，本书根据前人研究成果，选定调节系数 k 为 2。U_i 为企业 i 的质量创新指数，S_i 为企业 i 的全要素生产率增长率。

3. 制造业质量创新对全要素生产率增长率的影响机制分析：结构方程模型

结构方程模型（Structural Equation Modeling，SEM）是应用线性方程表示观测变量与潜变量之间，以及潜变量之间关系的一种多元统计方法。传统多元统计方法在进行影响因素分析的时候面临诸多限制，如检验自变量和因变量的单一关系，不允许有多个因变量或输出变量，中间变量不能包含在与预测因子一样的单一模型中，而结构方程模型不受这些方面的限制。首先，结构方程模型可以根据不同属性的抽象程度，立体、多层次地展现驱动力分析。这种多层次的因果关系更加符合真实分析过程，而传统回归分析很难做到。其次，结构方程模型分析可以将难以直接测度的指标纳入分析系统，如员工对工作的喜爱程度。这一过程就可以将数据分析的范围加大，尤其适合一些比较抽象的归纳性的属性。最后，结构方程模型分析将可以直接测量的和难以直接测量的抽象指标之间的因果关系量化，使它们能在同一个层面进行对比，同时也可以使用同一个模型对各细分市场或各竞争对手进行比较。

应用结构方程模型进行影响因素分析主要包括以下步骤：

（1）模型设定，包括基础理论的掌握和各种变量的确定。模型中的观测变量是指可直接测量的变量，通常是指标。潜变量是无法直接观测并测量的变量，需要通过设计若干指标间接加以测量。外生变量是指那些在模型或系统中，只起解释变量作用的变量。它们在模型或系统中，只影响其他变量，而不受其他变量的影响。在路径图中，只有指向其他变量的箭头，没有箭头指向它的变量均为外生变量。内生变量是指那些在模型或系统中，受模型或系统中其他变量包括外生变量和内生变量影响的变量，即在路径图中，有箭头指向它的变量，它们也可以影响其他变量。结构方程模型通常包括三个矩阵方程式如式（7-8）所示：

$$y = \Lambda_y \eta + \varepsilon$$
$$x = \Lambda_x \xi + \delta \quad (7-8)$$
$$\eta = B\eta + \Gamma\xi + \zeta$$

这样可形成具体的路径，如图7-23所示：

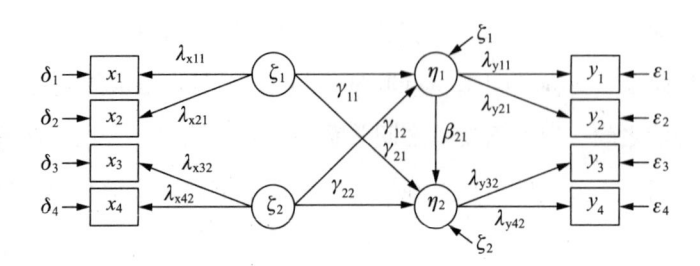

图7-23 结构方程路径

其中，观测变量通常用长方形或方形表示，外生观测变量用 x 表示，内生观测变量用 y 表示。潜变量用椭圆或圆形表示，外生潜变量通常用 ξ 表示，内生潜变量通常用 η 表示。δ 外生观测变量 x 的误差，ε 内生观测变量 y 的误差。λx 为外生观测变量与外生潜变量直接的关系，是外生观测变量在外生潜变量上的因子载荷矩阵；λy 为内生观测变量与内生潜变量之间的关系，是内生观测变量在内生潜变量上的因子载荷矩阵；β 为路径系数，表示内生潜变量间的关系；Γ 为路径系数，表示外生潜变量对内生潜变量的影响；ζ为结构方程的残差项，反映了在方程中未能被解释的部分。

（2）模型识别和估计。使用AMOS软件进行模型识别，对达到符合识别判定原则的模型进行求解。目前常用的结构方程模型求解方法主要有两种：一种是偏最小二乘法（Partial Least Squares，PLS），该方法在估计的每一步都在给定其他参数条件下，对某个参数子集的残差方差进行最小化。虽然在收敛的极限，所有残差方差联合地进行最小化。另一种是线性结构关系（Linear Structure Relationship，LISREL）。最后根据客观现实对模型结果进行合理修正。

三、实证结果分析

1. 制造业销往国内外产品的质量创新水平情况分析

本书样本选取的广东省21个地级市210家制造业企业类型广泛，包括了食品制造与加工业、纺织业、服装业、木材家具制造业、建筑业、造纸与印刷业、石油加工业、塑料与橡胶业、化工产品业、金属制造业、通用与专用设备业、汽车制造业、交通运输设备业、计算机通信设备业等共15个行业，其中151家的产品是在中国内部销售，另外59家专供出口，为了更好地统计分析，将产品内销的企业定义为类型1，将产品出口的企业定义为类型2。在分析产品质量创新水平对全要素生产率增长率以及技术创新的贡献程度之前，首先分析两类企业的产品质量创新水平是否相当，因为两类销售类型不同的企业对质量创新水平表现出的差异程度，将对进一步的定量分析产生不同程度的影响。由于各个企业相对独立，本书选取两独立样本t检验对质量创新水平进行检验。

两独立样本t检验就是根据样本数据对两个样本来自的两个独立总体的均值是否有显著差异进行判断。检验的前提条件如下：①两样本应该是相互独立的；②样本来自的两个总体应该服从正态分布。基本实现思路就是：设总体X_1服从正态分布$N(\mu_1, \sigma_1^2)$，总体X_2服从正态分布$N(\mu_2, \sigma_2^2)$，分别从这两个总体中抽取样本$(x_{11}, x_{12}, \cdots, x_{1n_1})$和$(x_{21}, x_{22}, \cdots, x_{2n_2})$，且两样本相互独立，要求检验$\mu_1$和$\mu_2$是否有显著差异。制造业质量创新水平的描述性统计和检验结果如表7-3所示：

表7-3 制造业质量创新水平统计描述

销售类型	Obs	Mean	Std. Dev.	SEMean
1	151	3.871	0.706	0.057
2	59	3.992	0.606	0.079

由表7-3可知,在210个企业中,类型1企业的产品是内销的,类型2企业的产品主要是出口,两类企业质量创新水平的均值分别为3.871和3.992,标准差分别是0.706和0.606,均值标准误差分别是0.057和0.079,两类企业的三类统计指标表现出较小的差异性。就两类销售类型的质量创新水平是否存在显著性差异进行两独立样本t检验,结果显示为:

T - Testofdifference = 0 (vs ≠): T - Value = -1.24 P - Value = 0.219 DF = 122

结果显示P值为0.219,检验序列在1%的显著性水平下接受原假设,说明样本选取的210家制造业企业生产的产品,无论是内销还是出口,产品质量创新水平相当,不存在显著性差异。样本选取的广东省210个企业中,不管是综合创新水平最高的深圳市,还是处于中间段的佛山市、汕头市、中山市等及处于末端的汕尾市(3.375%)和湛江市,其他各地均维持在3.375之上,虽存在差异,但仍旧保持较高水准;各项影响因子中,各企业对公司产品合格率重视程度高达96.66%(普通3、同意4、非常同意5),公司管理层对质量管理宣传为96.19%(普通3、同意4、非常同意5)、消费者对产品的美誉度为95.72%(普通3、同意4、非常同意5)、企业对质量工程师团队建设重视程度为95.71%(普通3、同意4、非常同意5)等,排在末端的公司获奖品牌产品也达到86.19%(普通3、同意4、非常同意5),证实各地企业并没有因为产品的销路不同或者地区发展不平衡,而降低质量创新的要求,可以在同等条件下定量测量质量创新对全要素生产率增长率和技术创新两方面的贡献程度。

2. 质量创新对全要素生产率增长率的影响规律

全要素生产率的增长率常常被视为科技进步的指标,主要来源包括技术进步、组织创新、专业化和生产创新等。但是,影响全要素生产率的因素除了技术进步外,还应包括质量创新要素,在各地级市210个企业的产品在质量创新水平

第七章 质量创新对制造业全要素生产率增长率影响分析：微观企业调研

方面未表现出较大差异的基础上，进一步分析质量创新水平和全要素生产率增长率的相关关系（见图7－24）。

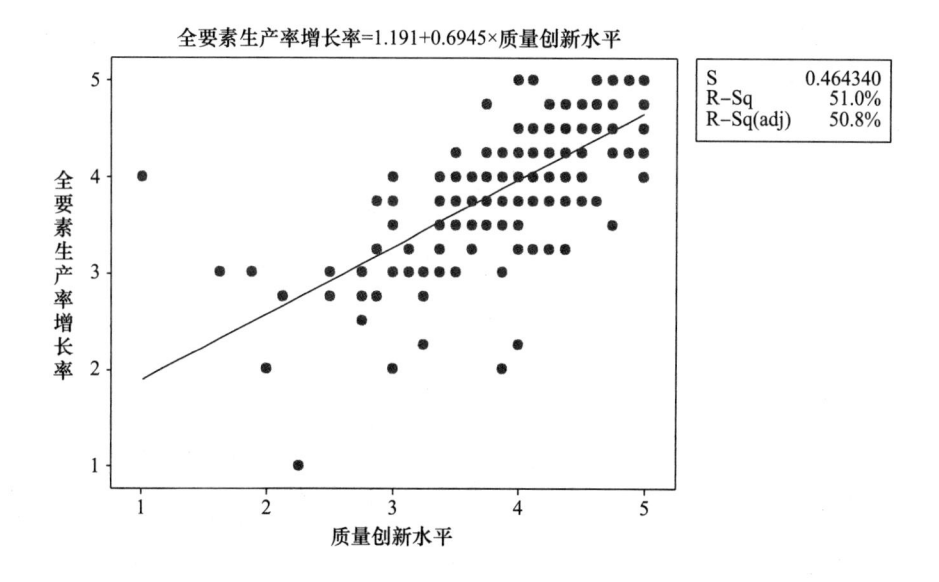

图 7－24 广东省各地级市 210 个企业质量创新水平和全要素生产率增长率的散点图

采用最小二乘法（OLS）对基本模型进行回归分析，以验证质量创新水平对全要素生产率增长率的影响程度，具体结果如表7－4所示。

表 7－4 制造业质量创新水平对全要素生产率增长率的回归

Term	Coef	SE Coef	T－Value	P－Value	VIF
Constant	1.191	0.187	6.36	0.000	
质量创新水平	0.6945	0.0472	14.71	0.000	1.00

由图7－24可知，广东省210个企业的质量创新水平和全要素生产率增长率具有显著的正相关关系，全要素生产率增长率随着质量创新水平的增长而增长。质量创新水平和全要素生产率增长率都大于0，保持正向增长，当质量创新水

为1%时，全要素生产率增长率接近2%，是质量创新水平增速的2倍；在质量创新水平增长保持在1%~2%时，全要素生产率增长率稍有回落，低于质量创新水平的增长速度，但是仍旧持续增长；当质量创新水平增长范围在3%~5%时，二者几乎保持同比例的增长速度，质量创新水平每增长1%就会带动同比例的全要素生产率增长。从总体上来看，广东省21个地级市的210家企业质量创新对技术进步具有显著的推动作用。

由表7-4可得回归方程为：全要素生产率增长率=1.191+0.6945×质量创新水平。

质量创新水平对全要素生产率增长率的贡献为0.6945时，P值为0.000，拒绝原假设，接受备择假设，模型结果在统计上是稳健的。从企业层面可以看出，质量创新水平对全要素生产率增长率水平有显著的正影响。质量创新水平对全要素生产率增长率贡献达到69.45%，在所有推动技术进步的影响因素中最为显著。就210个企业分布来看，全要素生产率增长率与质量创新水平也呈现正相关关系，如深圳市两项指标均位于第一，广州市、惠州市、东莞市、珠海市、深圳市、江门市、佛山市、汕头市、肇庆市、揭阳市两项指标的排序相当，湛江市、茂名市两项指标呈反方向排序，总体来看是呈现正相关关系的。具体原因如下，各企业对关系到综合创新能力的影响因子都比较重视，各企业对公司产品合格率重视程度高达96.66%（普通3、同意4、非常同意5），公司管理层对质量管理宣传为96.19%、消费者对产品的美誉度为95.72%、企业对质量工程师团队建设重视程度为95.71%、公司获得认证数量为93.81%、公司对研发投入为93.34%等，而关系到全要素生产率增长率的影响因子的公司注重节能环保为96.66%（普通3、同意4、非常同意5）、公司员工工作效率高达96.19%、公司设备利用率为95.72%、公司员工学历水平为91.43%，说明了综合质量创新的8个影响因子对公司员工效率、设备利用率等方面都具有显著提升效果，发展相对落后的企业应该着重从以上8个方面探究原因，不断缩小与发展较快地区企业的技术贡献差距。

在本书第四章中通过测算广东省各地级市制造业全要素生产率的动态波动情况可知，1999~2014年的全要素生产率增长率呈现出波动式的增长趋势，行业间的增长差距比较大,增长的稳定性不强,发展不平衡问题依然突出。鉴于质量创新水平对全要素生产率增长率的重要推动作用,想要在未来一段时间内缩小各地级市全要素生产率增长率的差距,就必须更加重视质量创新水平,认真贯彻落实好《中国制造2025》战略,建设一批智能制造示范基地。各地级市行业要加快技术创新和质量提升,用创新激发各行业的核心竞争力,用质量创新驱动经济发展,提高供给体系质量和全要素生产率增长率,加快推动质量强省建设。

四、质量创新对全要素生产率增长率影响的机制分析

质量创新对全要素生产率增长率影响的机制主要分为直接作用和间接作用,通过前文分析,可以得出质量创新的提高对全要素生产率增长率直接推动作用达到69.45%,影响显著。质量创新的间接作用指的是质量创新客观上要求更高水平的创新体系配套和耦合,形成合作系统,包括应用现代科技、工艺和装备再造,资源配置创新,组织创新,进而改造传统产业,培育新兴产业,以支持高质量商品的制造。作为创新体系的核心,质量创新依托于商品,也是其他类型创新产生和发展的最终目标。质量创新所带来的创新体系及其升级,极大地提升了经济整体的技术创新水平,技术创新水平又会进一步提高微观企业的全要素生产率水平,也使企业本身不断提升经营效率,满足消费者不断变化的需求,从供给侧改善经营模式,创造品牌竞争优势,创造利润。质量创新对全要素生产率的作用机制可以更加直观地从图7-25看到。

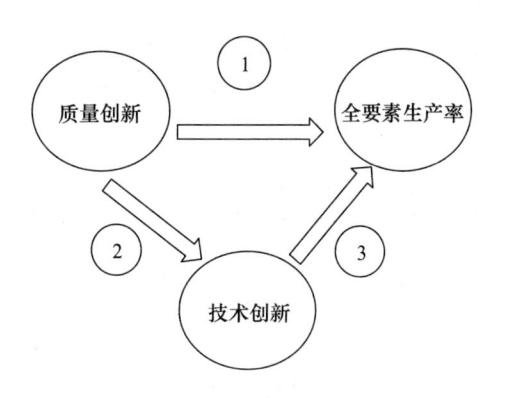

图7-25 质量创新对全要素生产率的作用机制

由图7-25可知，微观企业的质量创新体系可以通过直接和间接两条路径作用于全要素生产率体系。首先是质量创新通过路径1直接推动全要素生产率的提升；其次是当新产品的需求与企业的技术和市场资源的匹配性较好时，产品的创新性较高，质量创新通过路径2来营造良好的市场氛围推动技术创新，技术创新作为中间力量选择路径3提升全要素生产率。具体的定量分析可以由路径2和路径3两部分得出，表7-5和表7-6分别为质量创新对技术创新、技术创新对全要素生产率的回归分析结果。

表7-5 制造业质量创新水平对技术创新回归

Term	Coef	SE Coef	T-Value	P-Value	VIF
Constant	0.776	0.191	4.06	0.000	
质量创新水平	0.7868	0.0483	16.30	0.000	1.00

由表7-5可得回归方程为：技术创新 = 0.776 + 0.7868 × 质量创新水平。

质量创新水平对技术创新的贡献为0.7868时，P值为0.000，拒绝原假设，接受备择假设，模型结果在统计上是稳健的。说明从企业层面可以看出，质量创新水平对技术创新有显著的正影响。质量创新水平每增长1个单位，就可以带动技术创新0.7868个单位的增长，质量创新水平越高，技术越进步，质量创新是技术进步的决定性因素。

表7-6 制造业技术创新对全要素生产率增长回归

Term	Coef	SE Coef	T-Value	P-Value	VIF
Constant	1.251	0.168	7.45	0.000	
技术创新	0.6890	0.0429	16.07	0.000	1.00

由表7-6可得回归方程为：全要素生产率增长率 = 1.251 + 0.6890 × 技术创新。

从回归方程来看，技术创新对全要素生产率增长率存在显著的正向影响，即技术创新水平越高,越有利于推进全要素生产率的增长。同时,从 P 值来看,模型结果在统计上是稳健的,显著异于 0,定量分析进一步证实了技术创新作为质量创新和全要素生产率的过渡,在微观企业层面上发挥了不可替代的作用。由机制分析的结果来看,由质量创新促进企业技术创新,从而提高全要素生产率增长率的路径是成立的。我们通过更换估计方法进行稳健性分析,结果发现,各种估计结果结论一致,保持了稳健性。

综上可知,我们通过选取广东省 21 个地级市 210 家分布不同行业的制造业企业作为样本,进行实证分析,不仅证实了销售类型不同的企业对质量创新水平并无较大区别,各地级市制造业全要素生产率增长率虽然存在波动性增长,但是对产品质量创新的投入并未因为销售方向而有所改变。此外,质量创新的机制分析也指出了直接和间接两条推动全要素生产率增长的路径,直接路径推动作用下质量创新每增长 1 个单位会产生 0.6945 个单位的全要素生产率增长水平;间接路径下,质量创新每增长 1 个单位会带来 0.7868 个单位的技术进步,之后 1 单位技术产生 0.6890 个单位的全要素生产率增长,即有 0.542 的间接促进作用,微观企业层面来看,无论是直接还是间接,两条路径都对全要素生产率的增长产生了较大的作用。

第八章　实施质量创新促进全要素生产率增长的政策建议

第一节　广东省制造业质量创新提高全要素生产率路径

"十三五"时期，广东省加快经济发展方式转变，坚持以质量和创新为中心，以提高全要素生产率为关键，出台了《中共广东省委、广东省人民政府关于实施质量强省战略的决定》，将质量强省上升为经济社会发展的基本战略，其指导思想从扩张主导向质量主导、从要素驱动向创新驱动转变。

作为广东省一切物质生产产业支柱的制造业，其质量创新效果在建设质量强省过程中起着至关重要的作用，创新方向主要包括了生产要素投入、全要素生产率提高两个方面，其中，广东省制造业如何实现质量创新以提高全要素生产率就成为核心问题。

制造业在广东省工业经济中位于难以替代的地位，但是产业层次仍处于产业链的中低端，产品附加值和技术含量不高；企业研发投入不足，自主创新能力不强；产业投资乏力，产业投资规模已落后于国内高技术产业发达地区；高技术产业发展软环境仍不够完善，创新环境培育力度依然不够，促进高技术产业发展的体制机制有待完善。同时,广东省制造产业也面临着生产要素成本上升、资源环境制约等多重压力。大力发展高技术行业,有利于加快促进广东省的产业结构优化,利用高技术行业创新和改造传统行业及基础行业,可迅速提高广东省制造业企业的核心竞争力。其中,先进制造业在整个制造业中的规模有着举足轻重的作用,产业规模显著扩大,发展后劲显著增强,成了新的经济增长点。以此为突破口,广东省在进入21世纪以来采取的产业转移、建立一系列工业园政策有了一定效果,经济较为不发达的地区的工业增加值得到了快速提高,企业的数量不断增加,这为解决地区间的发展不平衡提供了一定的政策和实践基础。

最为突出的方面就是广东省质量创新对制造业全要素生产率增长率的显著推动作用。利用主成分分析方法建立质量创新指标体系可得,广州市的质量创新水平始终名列前茅,但近年来发展较缓慢,而且在2014年还出现了退步。深圳市的综合得分也非常高,虽然离广州市仍有差距,但是它们之间的差距在不断缩小,深圳市的质量创新发展相对较快。其次,东莞市、佛山市和中山市排名也相对靠前,而16个地级市则处于相对落后的地位。微观层面,通过对广东省21个地级市15个行业210家制造业企业进行分析可得,质量创新通过直接和间接两个途径影响全要素生产率的增长情况,效果显著但是各行业存在较大差距,仍旧需要不断进行技术与产品的创新来缩小各地级市的差距。

促进广东省制造业质量和效益的提高,存在不同的路径。

第一,通过技术创新实现质量创新最终提高全要素生产率。制造业作为高技术产业化不可替代的基础和载体,是应用先进技术最多、技术最复杂的产业部门,它的技术创新在狭义上主要是指生产工艺、中间投入品以及制造技能等方面的革新和改进。具体表现为对旧设备的改造和采用新设备改进旧工艺,采用新工艺,使用新的原材料和能源对原有产品进行改进,研究开发新产品,提高工人的劳动技能等,类似将当前先进的电子信息技术、生物工程技术、新材料技术不断运用于传统的服装、食品、家电等大宗制造产品的生产管理中,由此加速新旧技术的更新换代,提高自动化和质量创新能力,降低对资本和劳动力的依赖程度,提高生产率和产品的技术附加值。从广义上讲,技术创新是指技术所涵盖的各种形式知识的积累与改进,要经历"研究开发—狭义技术创新—创新扩散"的过程，它不仅包括新技术的研究、开发、获取与掌握，还包括新技术的扩散、转移、渗透和市场开拓。技术创新的三种基本模式为自主创新、模仿创新和合作创新。广东省制造业采取循序渐进的方式，通过模仿创新获得核心技术以降低成本，同时根据本国的具体情况和消费者需求的独特性，加入创新工艺，实现模仿、合作到自主的过渡。尤其是包括核燃料加工业、信息化学品制造业、医药制造业、航空航天器制造业等在内的高技术制造业，已成为推动广东省工业产业高技术化的重要引擎。更有数据显示，电子及通信设备制造业是广东省高技术制造业的"领头羊"行业，其次是电子计算机及办公设备制造业，行业规模最小的是信息化学品制造业和航空航天器及设备制造业，这说明广东省的高技术产业间存在发展不平衡的问题，这需要进一步改善。而且，广东省高技术产业也面临着生产要素成本上升、资源环境制约等多重压力，必须不断提高自主创新能力。当然，利用高技术行业创新和改造传统行业和基础行业，这可迅速提高广东省制造业企业的核心竞争力。

第二，通过质量创新来提高全要素生产率。"创新"不完全等同于"发明"、"创造"，技术上的发明创造产生前所未有的新事物，自然是创新，但是创新还包括对已有知识、技术等要素的重新组合，用新思路、新角度去处理已然存在的事物，赋予它新的功能系统，实现之前并不存在的新价值，才是质量创新最大的优势所在，即将生产要素重新排列组合进行创新。要素重组法指的是在创新活动的范围之内，将多个独立的可创新要素进行系统内部的重新组合，以获得具有统一整体和协调功能的新产品、新材料、新工艺、新技术等，或者使原有产品的功能更加全面，原有工艺过程更加先进等。这里的组合并不是一种简单的罗列、机械的叠加，而是一种以综合分析为基础，并按照一定原理或规则对现有的事物或系统进行有效的综合，从而获得新事物、新系统的创新方法。重组是按照实践的需要和一定的规律进行的，是有机统一的，有其内在的结果和逻辑。因此，要素重组法强调结构、强调统一，强调整体，重组以创新为目的，创新借重组来实现。

美国质量管理专家朱兰（J. M. Juran）博士在美国质量管理学年会上曾预言"如果20世纪将以生产率的世纪载入史册。那么，21世纪将是质量的世纪"。产品质量就是产品的适用性,即在使用过程中产品能够满足客户需要的程度。衡量一个产品质量的最佳标准莫过于适用性,它不再将技术局限于性能最好,而是将性能、经济特性、服务特性、心理需求等更为人性化的元素进行整合,达到"适合"的理想境界,恰当地表达了质量的内涵。由于质量对载体不做界定,说明质量可以存在于不同的领域,对于生产制造业而言,质量创新不局限于产品本身,所以它的创新即可扩展至最初阶段的资源配置创新,组织创新,到中期的应用现代科技、工艺和装备再造,再到后期的改造传统产业,培育新兴产业,根据需求对产品质量的动态要求,随着时间、地点、环境的变化,相应地改进产品、体系或者过程的质量,而具体到不同阶段的质量创新调整,确保持续满足消费者的需求。

企业只有生产出赢得用户心意的产品,才能占领市场,质量已然成为社会发展的必需、国家的动力、企业的根本。不同的行业根据自身的特征呈现出了不同的重组特征,类似生态工业园区基于整合思维和系统思想,模拟自然系统,建立起来的"生产者—消费者—分解者"的循环路径,能够有效缓解传统工业体系所采用的单向线性和不可逆性发展模式所导致的环境污染和资源消耗过多的问题。另外一个更为典型的例子就是电子政务的出现,传统的政府机构条块分割,职能各不相同,政务流程复杂而分散,多数业务数据是按照地理位置和职能归属来划分到不同的部门,当两个部门信息需要共享时,程序烦冗复杂,很难实现同步性。电子政务的出现打破了传统固化的流程作业,将整个结构重新建构,对现有流程进行清理、简化,消除原有流程中非增值环节,将信息通信技术和现代行政技术融入其中,将串联结构转化为并联结构,使整个工作过程更加精细、合理,进而建立充分调动各部分职能的跨地区、跨行业合作。这一过程充分说明了当恰当地引入新的生产要素,对已有的要素结构进行调整更新时,会对整个系统产生类似"发明创造"的效果,由此可见创新并不仅仅停留在某一行业或者某一环节,而是需要在已有结构的基础上,通过统筹模拟,以免出现生产要素重新调整之后,生产效率随之下降的反面效果。

因此,制造业在要素重组过程中,选取恰当的方法以质量开拓市场,才能取得供求双方最佳经济效益,类似生态工业园区和电子政务等实例都可以作为方法论上的参考对象，由此避免不利的创新。广东省作为传统的制造强省，要想在新一轮的产业改革中脱颖而出，继续保持全国制造业"领头羊"的位置，在领悟政策核心思想的同时，应该集中力量对生产要素重新组合，只有将生产要素和生产条件排列重组后引入生产体系，才能实现配置效率和产品质量的提高。其主要表现为在生产要素投入之外，通过技术进步、体制优化、组织管理改善等无形要素推动经济增长的作用。从微观层面上讲，企业采用了新技术、新工艺，开拓了新市场，开发了新产品，改善了管理，体制改革激发了人的积极性，都可以提高全要素生产率。从宏观层面上讲，通过资源重新配置，如劳动力从生产率较低的农业部门转向生产率较高的非农部门，就可以提高全要素生产率。

质量是新常态下经济社会发展的内生动力。随着当前人口"红利"、人力成本低等优势因素消失，企业利润遭到挤压，产业转型升级需求迫切，通过质量创新赢得激烈市场竞争，是广东省制造业企业特别是中小微企业的普遍路径，同时也是企业成功"走出去"的制胜法宝。

第二节 实施质量创新提高广东省制造业全要素生产率的政策建议

制造业是国民经济的主体，是立国之本、兴国之器、强国之基。打造具有国际竞争力的制造业，是我国提升综合国力、保障国家安全、建设世界强国的必由之路。质量创新是广东省制造业实现转型升级、增强核心竞争力、成为制造强省的必由之路。

一、提高质量型人力资本存量

高素质的企业家和职业技能人力资源，将有利于提升企业家适应转型升级的战略能力、实施企业质量创新的领导能力、推动产品和服务质量提升的执行能力以及构建企业质量文化的引领能力等，有助于形成以企业家为核心的企业质量主体地位。要坚持"以人为本"的原则，营造优惠的政策条件，包括收入分配、住房、教育等方面，不断强化本区域内优秀技术工人（产业工人）和企业家的落户。同时，积极发挥产学研体系，不断强化专业技能人才质量素质的提升和企业家精神的塑造，提升既有人力资源整体的质量意识和质量技能。鼓励有条件的高等院校设立质量发展研究院，设置质量管理工程、标准化工程等专业，加强质量发展基础理论研究和人才培养，培育一批质量科技领军人才。大力发展质量相关专业职业教育，培养具有较高质量意识和质量技能的技术技能人才。创新质量工程技术人员的评价标准，强化标准制定、专利及科技成果转化等职称评审导向。鼓励有条件的企事业单位设立质量相关领域博士后科研工作站（基地）。广泛开展面向企业的质量管理、技能教育培训，加快培育企业家的质量战略能力，提高企业全员质量意识和质量技能。以"政府主导、行业引导、企业牵头、教育培训机构参与、需求导向"为主线，建立各级政府、行业、企业、学校和社会各方面共同参与的制度创新平台，培育产业发展需要的质量型人才。政府要优化人才评价和激励机制，完善人才分类评价制度，构建以能力和绩效为导向、以业内和社会认可为核心的技能型人才评价标准体系，每年开展南粤卓越工匠评选活动，并提供政府特殊津贴，打通人才向上发展通道，营造培育工匠精神的良好社会氛围。在高水平大学建设中，加强质量基础学科的教育，并覆盖先进制造业、战略性新兴产业和传统优势产业等各个领域。进一步完善中、高职教育衔接机制，开展高水平理工职业院校试点建设，大力推广现代学徒制。建立行业、企业、教育培训机构培育工匠的激励机制，鼓励企业积极参与教育培训机构的人才培养过程，通过接收学生实习、合作编写教材、选派兼职教师授课、定向培养学生等方式，共同培育能工巧匠。行业协会要积极开展人才需求预测，发布需求信息，引导教育培训机构培养适用的技能型人才。通过政府购买服务，选派专家深入企业开展质量管理培训，提高工人职业技能、锤炼职业素养、强化职业理念，推动开展以质量控制（QC）小组为代表的群众性质量改进活动。

二、实施企业质量能力提升工程

首先，政府在质量创新方面发挥引导作用，积极扶持中小企业实现质量创新服务外包。政府应加大对中小企业质量创新的资金投入，帮助中小企业的研发外包，从而推动企业质量创新。大力推广先进质量管理理念和现代质量管理方法，广泛开展质量改进、质量攻关、质量比对、质量管理小组等全员质量活动，强化精密制造、可靠性工程建设和品牌建设。完善基于行业的企业共性检测平台，为企业提供改善质量的技术支撑。瞄准国际标准和细分市场需求，从提高产品功效、性能、适用性、可靠性和外观设计水平等入手，全方位提高消费品质量。实施重大质量改进项目和技术改造工程，培育形成以技术、标准、品牌、服务为核心的质量新优势。结合产业集群或集聚区发展，打造区域品牌，对中小企业创立名品名标进行奖励。

其次，支持企业提升质量创新能力。鼓励企业进行质量认证，通过规范的技术和方法促进企业改善质量。加强研发机构建设，支持有实力的企业牵头开展行业共性关键技术攻关，加快突破制约行业发展的技术"瓶颈"，推动行业创新发展。鼓励具备条件的企业建设产品设计创新中心，提高产品设计能力，针对消费趋势和特点，不断开发新产品。鼓励龙头骨干企业将配套中小企业纳入共同的供应链管理、质量管理、标准管理、合作研发管理等，推动协同制造和协同创新，实现质量水平链式提升。支持重点企业利用互联网技术建立大数据平台，动态分析市场变化，精准定位消费需求，为开展服务创新和商业模式创新提供支撑。

三、大力实施质量品牌提升工程

树立百年品牌、提升品牌价值是提升质量管理创新的重要激励机制和约束机制。

首先，在当今"洋品牌"不断向国内品牌发起冲击的背景下，应该加强企业商标品牌培育和管理，鼓励中小企业培育和优化商标品牌，丰富品牌内涵，挖掘商标经济价值，推动创建自主品牌。支持大型骨干企业针对国际国内市场的不同特点和消费需求差异，实施品牌多元化系列化发展战略，创建具有国际影响力的知名品牌。鼓励有实力的企业积极收购国外品牌和将自主品牌进行商标国际注册。积极参与制定品牌评价国际标准，助推广东省品牌无形资产增值。发挥政府质量奖导向作用，将广东省政府质量奖评选范围扩大至工程、服务、环境质量领域。

其次，加强产业品牌建设。发展提升制造业品牌，实施工业企业品牌培育试点和"十百千"品牌培育工程。同时，积极打造区域品牌。构建区域认证制度，形成市场与社会公认的区域综合品牌，推动粤港优质名牌产品互认。推动经济技术开发区、自主创新示范区、高新技术产业园区、新型工业化产业示范基地等参与知名品牌示范、质量安全示范区和产业集群区域品牌建设试点创建活动。

最后，加强品牌推广和保护。积极打造专业服务平台，充分发挥行业协会和服务机构的桥梁作用，为企业提供品牌创建、品牌推介、品牌营运、商标代理、境外商标注册、打假维权等服务。组织品牌企业参加交易会、博览会等活动，不断提高品牌的市场占有率及社会影响力。加大对自主知识产权产品的保护力度，严厉打击侵犯商标专用权行为。

四、优化产业结构质量

处理好广东省产业比较优势和我国产业发展现状以及世界产业发展趋势的关系，立足国内需求和现有产业基础，以产业升级为主攻方向，加快推进传统产业改造升级，大力发展战略性新兴产业和先进生产性服务业，着力构建符合新型工业化发展内在要求的现代产业体系。发挥龙头企业的辐射带动效应，加大产业共建和知识产权保护力度，加大"微笑曲线"两端即研发创新和品牌营销的投入，推动优势传统产业建立行业知识产权保护预警、自律、申诉和维权援助机制，加快推动优势传统产业转型升级。培育壮大战略性新兴产业，大力发展先进制造业，以技术创新推动产品创新，更好满足智能化、个性化、时尚化消费需求，引领、创造和拓展新需求。在传统制造业、战略性新兴产业、现代服务业的重点领域开展创新示范，全面推广应用以绿色、智能、协同为特征的先进设计技术；加快推进信息化与工业化深度融合，促进发展方式的根本性转变。提升服务业质量，促进生产性服务业专业化发展，为制造业升级提供支撑，推动生活性服务业便利化、精细化、品质化发展。推动发展"互联网＋"、移动电子商务、在线定制、线上到线下等新业态模式，创新业务协作流程和价值创造模式，提升新业态模式质量水平。

五、打造产业公地，加强质量管理的基础设施建设

在通过技术创新实现质量创新最终提高全要素生产率方面，通过打造产业公地，加强质量管理的基础设施建设是一个重要途径。产业公地是指根植于企业、大学和其他组织之中的研发与制造的基础设施、专业知识、工艺开发能力、工程制造能力等。这些能力共同为一系列的产业成长和技术创新提供基础，实现各个主体之间的共融共生。产业公地是企业实现质量创新的重要基地和生态环境体系，同时，质量管理的基础设施建设是其中的关键一环。要通过政府投入引导企业、社会资本全面加强计量基础设施建设，提升量传溯源体系支撑能力，加快建立高等级计量标准，提升企业制造精密水平。加强标准创新引领，制定并实施战略性新兴产业标准化体系规划和路线图，构建先进产业标准体系，推动自主创新成果融入"广东标准"。通过立法，规范检验检测认证产业发展，强化检验检测认证机构的治理主体作用，降低交易成本，充分发挥认证认可对产品、服务和检验检测技术机构进入国际国内市场的规范和引领作用，促进制造业向中高端发展；加强检验检测公共平台的服务能力建设，特别是加强粤东西北地区公共检测服务平台建设，提升检测技术服务产业共性技术研发能力，促进产业合作共建特别是粤东西北地区产业园区扩能增效；加强知识产权管理，加快建立健全技术、标准、专利和法律保护的协同机制，推动专利在产业关联企业和研发机构之间的协同管理、许可使用及价值实现。鼓励技术创新的合作交流是加强质量创新体系和产业公地的开放性、兼容性，也有助于实现区域性、全球性范围内的技术创新协同。通过定期和不定期地举办国际论坛，加强技术的交流合作，也让产业公地内部的企业熟悉技术最新前沿和动态，这也有利于强化创新的方向，有目的性地引入资源，加强国内外合作，形成更加专业的创新模式。同时，不断深化与国内先进省份以及港澳台地区的质量交流合作，加强标准研究和检验检测技术合作，试行认证及相关检测业务的互认制度，健全泛珠江三角洲区域质量合作机制，提升合作深度和广度。积极参与"一带一路"建设，推动企业从输出产品向输出创新技术、标准和品牌转变。依托广东省自由贸易试验区建设，拓宽国际交流合作的领域和渠道，通过国际互认解决标准一致性、认证互通性与量值统一性问

题。加强对国外创新技术性贸易措施的跟踪、分析、研判、评议，积极妥善应对同国外创新技术的摩擦。充分利用多边和双边磋商机制等渠道，开展与有关国家和地区的产品安全管理、信息、技术及科研等全方位的创新技术交流。

六、积极营造质量为先的发展环境

首先，构建质量文化体系，大力倡导精益求精、追求卓越的质量文化，鼓励提炼并践行城市质量精神，推动企业打造各具特色的质量文化，逐步建立体现广东省特色的质量文化体系。坚持正面引导的原则，大力宣传广东质量，提高广东质量的影响力和认知度。鼓励各级电视台、广播电台以及平面、网络等媒体，在重要时段、重要版面安排广东质量的公益宣传。其次，加强质量法治建设。加快建立适应经济社会发展的质量法律法规政策体系。同时，将质量法律法规纳入全民普法教育规划，提高全民质量法制意识。推进国家和省级中小学质量教育社会实践基地建设，普及质量知识。再次，鼓励企业建立内部质量表彰和奖励制度，引导企业开展争创质量管理先进班组和质量标兵活动，鼓励质量工作者争创"五一"劳动奖。最后，深入开展质量月、国际消费者权益保护日、世界知识产权日、世界标准化日、世界计量日、世界认可日等参与式、体验式群众质量活动，不断提升质量文化软实力。

参考文献

[1] Aigner D., Lovell C. K., Schmidt P.. Formulation and Estimation of Stochastic Frontier Production Function Models [J]. Journal of Econometrics, 1997, 6(1): 21-37.

[2] Borensztein E., Ostry J. D.. Accounting for China's Growth Performance [J]. The American Economic Review, 1996, 86 (2): 224-228.

[3] Cao K. H., Birchenall J. A.. Agricultural Productivity, Structural Change, and Economic Growth in Post-reform China [J]. Journal of Development Economics, 2013 (104): 165-180.

[4] Chang H., Choy H. L., Cooper W. W., Ruefli T. W.. Using Malmquist Indexes to Measure Changes in the Productivity and Efficiency of US Accounting Firms before and after the Sarbanes - Oxley Act [J]. Omega, 2009, 37 (5): 951-960.

[5] Chen S., Golley J.. "Green" Productivity Growth in China's Industrial Economy [J]. Energy Economics, 2014 (44): 89-98.

[6] Cheong T. S., Wu, Y.. The Impacts of Structural Transformation and Industrial Upgrading on Regional Inequality in China [J]. China Economic Review, 2014 (31): 339-350.

[7] Chow G., Lin A. L.. Accounting for Economic Growth in Taiwan and Mainland China: A Comparative Analysis [J]. Journal of Comparative Economics, 2002,

30 (3): 507 - 530.

[8] Chung Y. H., Färe, R., Grosskopf S.. Productivity and Undesirable Outputs: A Directional Distance Function Approach [J]. Journal of Environmental Management, 1997, 51 (3): 229 - 240.

[9] Färe R., Grosskopf S., Norris M., Zhang Z.. Productivity Growth, Technical Progress, and Efficiency Change in Industrialized Countries [J]. The American Economic Review, 1994: 66 - 83.

[10] Färe R., Grosskopf S., Pasurka Jr C. A.. Accounting for Air Pollution Emissions in Measures of State Manufacturing Productivity Growth [J]. Journal of Regional Science, 2001, 41 (3): 381 - 409.

[11] Helvoigt T. L., Adams D. M.. A Stochastic Frontier Analysis of Technical Progress, Efficiency Change and Productivity Growth in the Pacific Northwest Sawmill Industry [J]. Forest Policy and Economics, 2009, 11 (4): 280 - 287.

[12] Kumar S.. Environmentally Sensitive Productivity Growth: A Global Analysis Using Malmquist - Luenberger Index [J]. Ecological Economics, 2006, 56 (2): 280 - 293.

[13] Managi S., Opaluch J. J., Jin D., Grigalunas T. A.. Stochastic Frontier Analysis of Total Factor Productivity in the Offshore Oil and Gas Industry [J]. Ecological Economics, 2006, 60 (1): 204 - 215.

[14] Meeusen W., Van den Broeck J.. Efficiency Estimation from Cobb - Douglas Production Functions with Composed Error [J]. International Economic Review, 1997: 435 - 444.

[15] Solow R. M.. Technical Change and the Aggregate Production Function [J]. The Review of Economics and Statistics, 1957: 312 - 320.

[16] Sueyoshi T., Goto M.. DEA Environmental Assessment in Time Horizon: Radial Approach for Malmquist Index Measurement on Petroleum Companies [J]. Energy Economics, 2015 (51): 329 - 345.

[17] Wang Q., Lin X.. Does Religious Beliefs Affect Economic Growth? Evi-

dence from Provincial – level Panel Data in China [J]. China Economic Review, 2014 (31): 277 – 287.

[18] Wang Y., Yao Y.. Sources of China's Economic Growth 1952 – 1999: Incorporating Human Capital Accumulation [J]. China Economic Review, 2003, 14 (1): 32 – 52.

[19] Wang Z., Feng C.. Sources of Production Inefficiency and Productivity Growth in China: A Global Data Envelopment Analysis [J]. Energy Economics, 2015 (49): 380 – 389.

[20] Zaim O., Taskin F.. The Comparative Performance of the Public Enterprise Sector in Turkey: A Malmquist Productivity Index Approach [J]. Journal of Comparative Economics, 1997, 25 (2): 129 – 157.

[21] Zhang C., Zhuang L.. The Composition of Human Capital and Economic Growth: Evidence from China Using Dynamic Panel Data Analysis [J]. China Economic Review, 2011, 22 (1): 165 – 171.

[22] Zhang J., Wang L., Wang S.. Financial Development and Economic Growth: Recent Evidence from China [J]. Journal of Comparative Economics, 2012, 40 (3): 393 – 412.

[23] Zheng G., Barbieri E., Di Tommaso M. R., Zhang L.. Development Zones and Local Economic Growth: Zooming in on the Chinese Case [J]. China Economic Review, 2016 (38): 238 – 249.

[24] Zheng J., Bigsten A., Hu A.. Can China's Growth be Sustained? A Productivity Perspective [J]. World Development, 2009, 37 (4): 874 – 888.

[25] 白俊红, 李婧. 政府 R&D 资助与企业技术创新——基于效率视角的实证分析 [J]. 金融研究, 2011 (6): 181 – 193.

[26] 蔡昉. 中国经济增长如何转向全要素生产率驱动型 [J]. 中国社会科学, 2013 (1): 56 – 71 + 206.

[27] 蔡跃洲, 郭梅军. 我国上市商业银行全要素生产率的实证分析 [J]. 经济研究, 2009 (9): 52 – 65.

[28] 曹泽, 段宗志, 吴昌宇. 中国区域全要素生产率增长的 R&D 贡献测度与评价 [J]. 中国人口·资源与环境, 2011 (7): 146-152.

[29] 陈超凡. 中国工业绿色全要素生产率及其影响因素——基于 ML 生产率指数及动态面板模型的实证研究 [J]. 统计研究, 2016 (3): 53-62.

[30] 陈丰龙, 徐康宁. 本土市场规模与中国制造业全要素生产率 [J]. 中国工业经济, 2012 (5): 44-56.

[31] 陈刚, 尹希果, 潘杨. 中国的金融发展、分税制改革与经济增长 [J]. 金融研究, 2006 (2): 99-109.

[32] 陈平, 李广众. 中国的结构转型与经济增长 [J]. 世界经济, 2001 (3): 16-20.

[33] 邓子基, 杨志宏. 财税政策激励企业技术创新的理论与实证分析 [J]. 财贸经济, 2011 (5): 5-10+136.

[34] 丁志国, 赵宣凯, 苏治. 中国经济增长的核心动力——基于资源配置效率的产业升级方向与路径选择 [J]. 中国工业经济, 2012 (9): 18-30.

[35] 董敏杰, 梁泳梅. 1978—2010 年的中国经济增长来源: 一个非参数分解框架 [J]. 经济研究, 2013 (5): 17-32.

[36] 傅晓霞, 吴利学. 技术效率、资本深化与地区差异——基于随机前沿模型的中国地区收敛分析 [J]. 经济研究, 2006 (10): 52-61.

[37] 干春晖, 郑若谷. 改革开放以来产业结构演进与生产率增长研究——对中国 1978~2007 年"结构红利假说"的检验 [J]. 中国工业经济, 2009 (2): 55-65.

[38] 高帆. 我国区域农业全要素生产率的演变趋势与影响因素——基于省际面板数据的实证分析 [J]. 数量经济技术经济研究, 2015 (5): 3-19+53.

[39] 宫俊涛, 孙林岩, 李刚. 中国制造业省际全要素生产率变动分析——基于非参数 Malmquist 指数方法 [J]. 数量经济技术经济研究, 2008 (4): 97-109+130.

[40] 郭庆旺, 赵志耘, 贾俊雪. 中国省份经济的全要素生产率分析 [J]. 世界经济, 2005 (5): 46-53+80.

[41] 韩超, 胡浩然. 清洁生产标准规制如何动态影响全要素生产率——剔除其他政策干扰的准自然实验分析 [J]. 中国工业经济, 2015 (5): 70-82.

[42] 韩廷春. 金融发展与经济增长: 经验模型与政策分析 [J]. 世界经济, 2001 (6): 3-9.

[43] 韩先锋, 惠宁, 宋文飞. 信息化能提高中国工业部门技术创新效率吗 [J]. 中国工业经济, 2014 (12): 70-82.

[44] 何平, 陈丹丹, 贾喜越. 产业结构优化研究 [J]. 统计研究, 2014 (7): 31-37.

[45] 黄亮雄, 安苑, 刘淑琳. 中国的产业结构调整: 基于三个维度的测算 [J]. 中国工业经济, 2013 (10): 70-82.

[46] 黄茂兴, 李军军. 技术选择、产业结构升级与经济增长 [J]. 经济研究, 2009 (7): 143-151.

[47] 简新华, 于波. 可持续发展与产业结构优化 [J]. 中国人口·资源与环境, 2001 (1): 31-34.

[48] 蒋殿春, 夏良科. 外商直接投资对中国高技术产业技术创新作用的经验分析 [J]. 世界经济, 2005 (8): 5-12+82.

[49] 蒋伏心, 王竹君, 白俊红. 环境规制对技术创新影响的双重效应——基于江苏制造业动态面板数据的实证研究 [J]. 中国工业经济, 2013 (7): 44-55.

[50] 柯孔林, 冯宗宪. 中国商业银行全要素生产率增长及其收敛性研究——基于 GML 指数的实证分析 [J]. 金融研究, 2013 (6): 146-159.

[51] 李富强, 董直庆, 王林辉. 制度主导、要素贡献和我国经济增长动力的分类检验 [J]. 经济研究, 2008 (4): 53-65.

[52] 李宏彬, 李杏, 姚先国, 张海峰, 张俊森. 企业家的创业与创新精神对中国经济增长的影响 [J]. 经济研究, 2009 (10): 99-108.

[53] 李玲, 陶锋. 中国制造业最优环境规制强度的选择——基于绿色全要素生产率的视角 [J]. 中国工业经济, 2012 (5): 70-82.

[54] 李小胜, 安庆贤. 环境管制成本与环境全要素生产率研究 [J]. 世界

经济，2012（12）：23-40.

[55] 李小胜，余芝雅，安庆贤. 中国省际环境全要素生产率及其影响因素分析 [J]. 中国人口·资源与环境，2014（10）：17-23.

[56] 梁泳梅，董敏杰. 中国经济增长来源：基于非参数核算方法的分析 [J]. 世界经济，2015（11）：29-52.

[57] 林洲钰，林汉川. 中国制造业企业的技术创新活动——社会资本的作用 [J]. 数量经济技术经济研究，2012（10）：37-51.

[58] 刘秉镰，武鹏，刘玉海. 交通基础设施与中国全要素生产率增长——基于省域数据的空间面板计量分析 [J]. 中国工业经济，2010（3）：54-64.

[59] 刘生龙，胡鞍钢. 交通基础设施与经济增长：中国区域差距的视角 [J]. 中国工业经济，2010（4）：14-23.

[60] 刘伟，李绍荣. 产业结构与经济增长 [J]. 中国工业经济，2002（5）：14-21.

[61] 刘伟，张辉. 中国经济增长中的产业结构变迁和技术进步 [J]. 经济研究，2008（11）：4-15.

[62] 刘伟丽，陈勇. 中国制造业的产业质量阶梯研究 [J]. 中国工业经济，2012（11）：58-70.

[63] 刘勇政，冯海波. 腐败、公共支出效率与长期经济增长 [J]. 经济研究，2011（9）：17-28.

[64] 刘元春. 经济制度变革还是产业结构升级——论中国经济增长的核心源泉及其未来改革的重心 [J]. 中国工业经济，2003（9）：5-13.

[65] 卢方元，靳丹丹. 我国 R&D 投入对经济增长的影响——基于面板数据的实证分析 [J]. 中国工业经济，2011（3）：149-157.

[66] 鲁桐，党印. 公司治理与技术创新：分行业比较 [J]. 经济研究，2014（6）：115-128.

[67] 鲁桐，党印. 投资者保护、行政环境与技术创新：跨国经验证据 [J]. 世界经济，2015（10）：99-124.

[68] 罗浩. 自然资源与经济增长：资源瓶颈及其解决途径 [J]. 经济研

究，2007（6）：142-153.

[69] 吕健. 产业结构调整、结构性减速与经济增长分化 [J]. 中国工业经济，2012（9）：31-43.

[70] 彭国华. 中国地区收入差距、全要素生产率及其收敛分析 [J]. 经济研究，2005（9）：19-29.

[71] 彭宜钟，童健，吴敏. 究竟是什么推动了我国经济增长方式转变？[J]. 数量经济技术经济研究，2014（6）：20-35.

[72] 彭俞超. 金融功能观视角下的金融结构与经济增长——来自1989~2011年的国际经验 [J]. 金融研究，2015（1）：32-49.

[73] 钱晓烨，迟巍，黎波. 人力资本对我国区域创新及经济增长的影响——基于空间计量的实证研究 [J]. 数量经济技术经济研究，2010（4）：107-121.

[74] 申萌，李凯杰，曲如晓. 技术进步、经济增长与二氧化碳排放：理论和经验研究 [J]. 世界经济，2012（7）：83-100.

[75] 沈坤荣，蒋锐. 中国城市化对经济增长影响机制的实证研究 [J]. 统计研究，2007（6）：9-15.

[76] 沈凌，田国强. 贫富差别、城市化与经济增长——一个基于需求因素的经济学分析 [J]. 经济研究，2009（1）：17-29.

[77] 施炳展. 中国企业出口产品质量异质性：测度与事实 [J]. 经济学（季刊），2014（1）：263-284.

[78] 苏志庆，陈银娥. 知识贸易、技术进步与经济增长 [J]. 经济研究，2014（8）：133-145+157.

[79] 孙传旺，刘希颖，林静. 碳强度约束下中国全要素生产率测算与收敛性研究 [J]. 金融研究，2010（6）：17-33.

[80] 孙晓华，王昀. 企业规模对生产率及其差异的影响——来自工业企业微观数据的实证研究 [J]. 中国工业经济，2014（5）：57-69.

[81] 唐未兵，傅元海，王展祥. 技术创新、技术引进与经济增长方式转变 [J]. 经济研究，2014（7）：31-43.

[82] 陶长琪,齐亚伟. 中国全要素生产率的空间差异及其成因分析 [J]. 数量经济技术经济研究,2010 (1):19-32.

[83] 涂正革,肖耿. 中国的工业生产力革命——用随机前沿生产模型对中国大中型工业企业全要素生产率增长的分解及分析 [J]. 经济研究,2005 (3):4-15.

[84] 王兵,王丽. 环境约束下中国区域工业技术效率与生产率及其影响因素实证研究 [J]. 南方经济,2010 (11):3-19.

[85] 王兵,吴延瑞,颜鹏飞. 环境管制与全要素生产率增长:APEC 的实证研究 [J]. 经济研究,2008 (5):19-32.

[86] 王兵,吴延瑞,颜鹏飞. 中国区域环境效率与环境全要素生产率增长 [J]. 经济研究,2010 (5):95-109.

[87] 王兵,颜鹏飞. 技术效率、技术进步与东亚经济增长——基于 APEC 视角的实证分析 [J]. 经济研究,2007 (5):91-103.

[88] 王兵,朱宁. 不良贷款约束下的中国上市商业银行效率和全要素生产率研究——基于 SBM 方向性距离函数的实证分析 [J]. 金融研究,2011 (1):110-130.

[89] 王兵,朱宁. 不良贷款约束下的中国银行业全要素生产率增长研究 [J]. 经济研究,2011 (5):32-45+73.

[90] 王华. 更严厉的知识产权保护制度有利于技术创新吗？[J]. 经济研究,2011 (S2):124-135.

[91] 王贤彬,徐现祥,李郇. 地方官员更替与经济增长 [J]. 经济学(季刊),2009 (4):1301-1328.

[92] 王永齐. 贸易结构、技术密度与经济增长——一个分析框架及基于中国数据的检验 [J]. 经济学(季刊),2006 (3):1007-1022.

[93] 王志刚,龚六堂,陈玉宇. 地区间生产效率与全要素生产率增长率分解 (1978~2003) [J]. 中国社会科学,2006 (2):55-66+206.

[94] 韦影. 企业社会资本与技术创新:基于吸收能力的实证研究 [J]. 中国工业经济,2007 (9):119-127.

[95] 卫兴华, 侯为民. 中国经济增长方式的选择与转换途径 [J]. 经济研究, 2007 (7): 15-22.

[96] 魏后凯. 我国地区工业技术创新力评价 [J]. 中国工业经济, 2004 (5): 15-22.

[97] 徐康宁, 冯伟. 基于本土市场规模的内生化产业升级: 技术创新的第三条道路 [J]. 中国工业经济, 2010 (11): 58-67.

[98] 徐康宁, 邵军. 自然禀赋与经济增长: 对"资源诅咒"命题的再检验 [J]. 世界经济, 2006 (11): 38-47+96.

[99] 徐升华, 毛小兵. 信息产业对经济增长的贡献分析 [J]. 管理世界, 2004 (8): 75-80.

[100] 徐现祥, 王贤彬, 舒元. 地方官员与经济增长——来自中国省长、省委书记交流的证据 [J]. 经济研究, 2007 (9): 18-31.

[101] 徐毅, 张二震. FDI、外包与技术创新: 基于投入产出表数据的经验研究 [J]. 世界经济, 2008 (9): 41-48.

[102] 徐盈之, 赵豫. 中国信息制造业全要素生产率变动、区域差异与影响因素研究 [J]. 中国工业经济, 2007 (10): 45-52.

[103] 许海平, 王岳龙. 我国城乡收入差距与全要素生产率——基于省域数据的空间计量分析 [J]. 金融研究, 2010 (10): 54-67.

[104] 薛继亮. 技术选择与产业结构转型升级 [J]. 产业经济研究, 2013 (6): 29-37.

[105] 严成樑. 社会资本、创新与长期经济增长 [J]. 经济研究, 2012 (11): 48-60.

[106] 颜鹏飞, 王兵. 技术效率、技术进步与生产率增长: 基于DEA的实证分析 [J]. 经济研究, 2004 (12): 55-65.

[107] 杨继生, 徐娟, 吴相俊. 经济增长与环境和社会健康成本 [J]. 经济研究, 2013 (12): 17-29.

[108] 袁晓玲, 张宝山. 中国商业银行全要素生产率的影响因素研究——基于DEA模型的Malmquist指数分析 [J]. 数量经济技术经济研究, 2009 (4):

93-104+116.

[109] 原毅军,谢荣辉.环境规制的产业结构调整效应研究——基于中国省际面板数据的实证检验[J].中国工业经济,2014(8):57-69.

[110] 袁志刚,解栋栋.中国劳动力错配对TFP的影响分析[J].经济研究,2011(7):4-17.

[111] 岳书敬,刘朝明.人力资本与区域全要素生产率分析[J].经济研究,2006(4):90-96+127.

[112] 张健华,王鹏.中国全要素生产率:基于分省份资本折旧率的再估计[J].管理世界,2012(10):18-30+187.

[113] 张捷,赵秀娟.碳减排目标下的广东省产业结构优化研究——基于投入产出模型和多目标规划模型的模拟分析[J].中国工业经济,2015(6):68-80.

[114] 张军,高远.官员任期、异地交流与经济增长——来自省级经验的证据[J].经济研究,2007(11):91-103.

[115] 张丽华,林善浪,汪达钦.我国技术创新活动的集聚效应分析[J].数量经济技术经济研究,2011(1):3-18.

[116] 张同斌,高铁梅.财税政策激励、高新技术产业发展与产业结构调整[J].经济研究,2012(5):58-70.

[117] 张小蒂,李晓钟.对我国长三角地区全要素生产率的估算及分析[J].管理世界,2005(11):59-66.

[118] 张亚斌,黄吉林,曾铮.城市群、"圈层"经济与产业结构升级——基于经济地理学理论视角的分析[J].中国工业经济,2006(12):45-52.

[119] 张宇.FDI与中国全要素生产率的变动——基于DEA与协整分析的实证检验[J].世界经济研究,2007(5):14-19+81+86.

[120] 张远军.城市化与中国省际经济增长:1987~2012——基于贸易开放的视角[J].金融研究,2014(7):49-62.

[121] 张宗和,彭昌奇.区域技术创新能力影响因素的实证分析——基于全国30个省市区的面板数据[J].中国工业经济,2009(11):35-44.

[122] 章元, 刘修岩. 聚集经济与经济增长: 来自中国的经验证据 [J]. 世界经济, 2008 (3): 60-70.

[123] 赵春雨, 朱承亮, 安树伟. 生产率增长、要素重置与中国经济增长——基于分行业的经验研究 [J]. 中国工业经济, 2011 (8): 79-88.

[124] 赵进文, 范继涛. 经济增长与能源消费内在依从关系的实证研究 [J]. 经济研究, 2007 (8): 31-42.

[125] 赵伟, 马瑞永. 中国经济增长收敛性的再认识——基于增长收敛微观机制的分析 [J]. 管理世界, 2005 (11): 12-21.

[126] 赵振全, 薛丰慧. 金融发展对经济增长影响的实证分析 [J]. 金融研究, 2004 (8): 94-99.

[127] 郑京海, 胡鞍钢. 中国改革时期省际生产率增长变化的实证分析 (1979~2001年) [J]. 经济学 (季刊), 2004 (1): 263-296.

[128] 郑若谷, 干春晖, 余典范. 转型期中国经济增长的产业结构和制度效应——基于一个随机前沿模型的研究 [J]. 中国工业经济, 2010 (2): 58-67.

[129] 周宁东, 汪增群. 金融发展对经济增长的贡献——一项基于面板数据的研究 [J]. 财贸经济, 2007 (5): 86-92.

[130] 周永文. 广东环境全要素生产率及影响因素分析——基于环境生产函数的实证研究 [J]. 暨南学报 (哲学社会科学版), 2016 (1): 6-112+132.

[131] 祝树金, 虢娟. 开放条件下的教育支出、教育溢出与经济增长 [J]. 世界经济, 2008 (5): 56-67.